ヘアスタイリストの
キャリアブック

THE CAREER BOOK OF HAIRSTYLIST

コムズグループ代表
田中房五郎
TANAKA FUSAGORO

幻冬舎MC

THE CAREER BOOK OF HAIRSTYLIST

ヘアスタイリストの
キャリアブック

プロローグ

夢はトップヘアスタイリスト。

おしゃれな空間で、流行のファッションを身に付け、来店されるお客様を美しく変身させて喜んでもらう。プライベートは、自分で稼いだお金でおいしいレストランに行き、海外旅行を楽しみ、センスを磨き続ける……。トップヘアスタイリストへの夢をかなえるために、多くの若者たちが美容学校で技術を学び国家資格を取得します。

しかし、学校を卒業した彼らを待ち受けているのは残酷な現実です。

美容室に就職すると、まず3年にも及ぶアシスタントとしての修業期間が待ち受けています。仕事は雑用がメイン。お客様を担当することはできません。技術を学ぶのは営業時間後で、カットやパーマを深夜まで練習する日々。どれだけ頑張っても、もらえる給料は手取りで15万円前後。それでも、ヘアスタイリストになれば憧れの生活が待っている……。夢に向かってひたすら耐え続けるのです。それなのに、ようやくヘアスタイリストになっても生活はあまり代わり映えしません。ヘアスタイリストの平均年収は、３００万円程度。シフトが厳しく、休みもほとんど取れないうえに、美容室の営業終了後にはアシスタントの指導をしなければなりません。

給料は少なく、自分の時間も持てない。経済的なことを考えると、家庭を持つこともできません。

憧れのトップヘアスタイリストはほんの一握りで、一般的な美容師は低い年収と長時間労働に耐え続けています。そのため、多くのヘアスタイリストが夢を捨て辞めてしまうのです。

私は美容室の経営者として、せっかくヘアスタイリストになりながら、辞めてしまう美容師があとを絶たない業界の現状を変えたいという思いから、働く美容師の満足度日本一の美容室づくりを目指してきました。そして、美容師が〝稼ぐ〟ための働き方や環境、システムを整えることで、年収１０００万円以上の美容師を続々と誕生させています。現在、私が経営する直営店8店舗のヘアスタイリストは、週休2日・残業ゼロでありながら平均年収は７８０万円。さらに、ヘアスタイリストのうち20％は年収１０００万円以上を実現しています。

本書では、若手美容師の皆さんに、高収入とやりがい、そして充実したプライベートも手に入れる方法を解説していきます。また、美容師として生涯稼ぎ続けるために必要なスキル、知識、長く働けるサロンの選び方から、キャリアプランの立て方、さらに、年収１０００万円クラスのヘアスタイリストたちが実践している、人気美容師になるための秘訣も大公開します。

本書を読んで実践すれば、誰でも「年収１０００万円以上稼ぐ美容師」になることは可能です。

ぜひ、皆さんも収入とやりがいが両立した、理想の美容師人生をスタートさせましょう。

目次

PART2 これがヘアスタイリストの「王道」！ 3つのキャリアコース

パターン③　人気急上昇中　業務委託サロン

PART３　年収１０００万稼ぐ！　お金、趣味、やりがい……
すべてを手に入れた〝パワー〟ヘアスタイリストたち

PART4 生涯稼ぎ続ける！ ヘアスタイリストの秘訣

PART 1

40歳で引退!?

実録!
キャリアプランのない
ヘアスタイリストの
残酷なリアル

知っておきたい美容師のリアル

「美容師になりたい！」と美容専門学校へ入学し、美容師免許を取得する人は、毎年2万人ほどいます。

美容師になりたい理由は、「おしゃれでかっこいい仕事だから」「クリエイティブな力が発揮できるから」「人を喜ばせたい」「トップヘアスタイリストに憧れて」などさまざまで、誰もが夢を持って美容師を目指します。

技術を身に付け、お客様から指名されるようになり、自分の店を持つまでになる。そして店が繁盛すれば、美容師として成功していると言えるでしょう。

しかし、誰もがキラキラ輝く美容師になれるわけではありません。多くの美容師は低い年収と長時間労働に耐え続けています。そのため、多くの美容師が夢を捨て辞めてしまうのです。

なぜ美容師として成功するのが難しいのか。

まずは業界特有のシステムと合わせて、美容師の〝リアル〟を覗いてみましょう。

美容師の免許登録者数

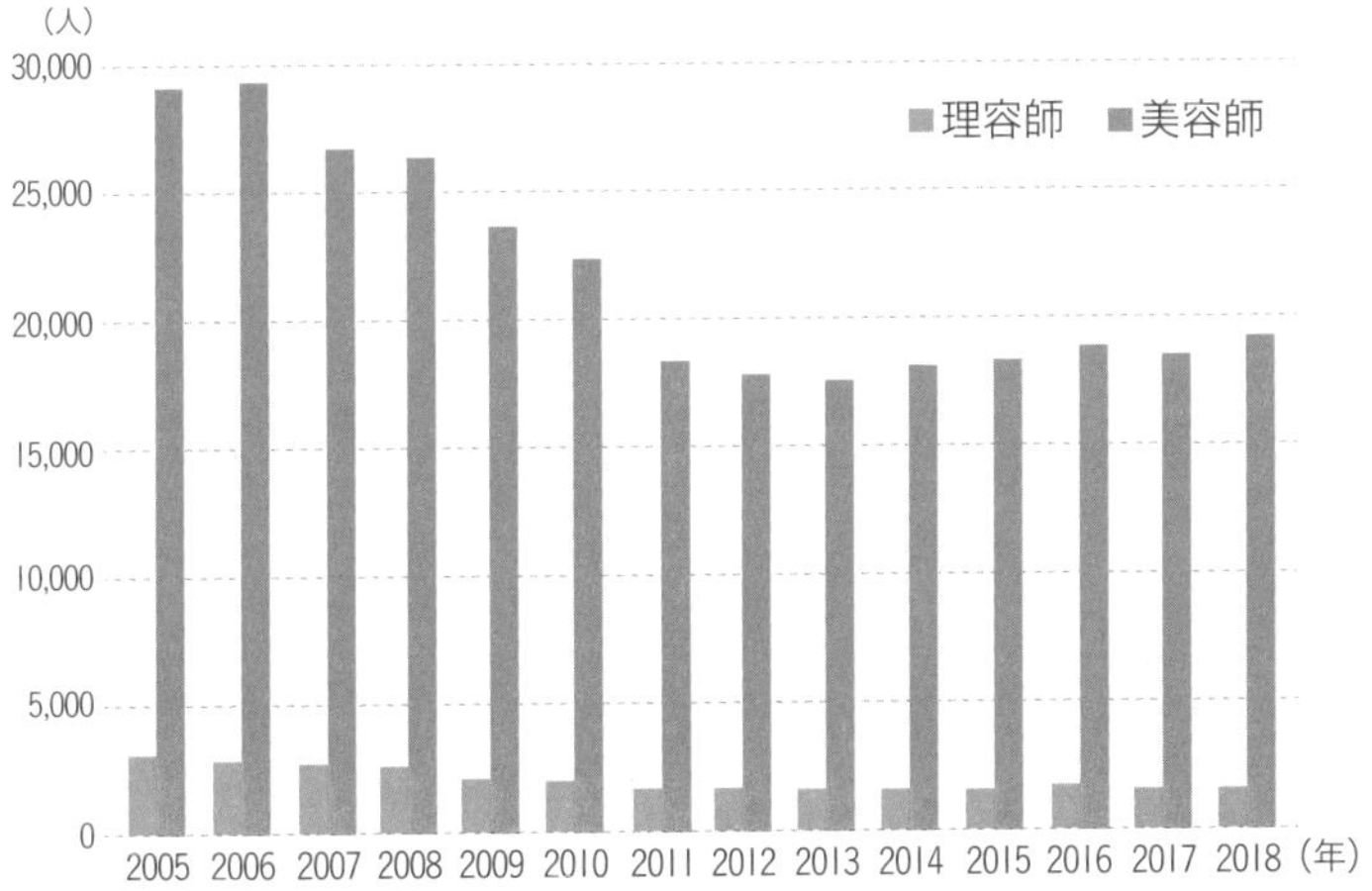

美容師に対するイメージ

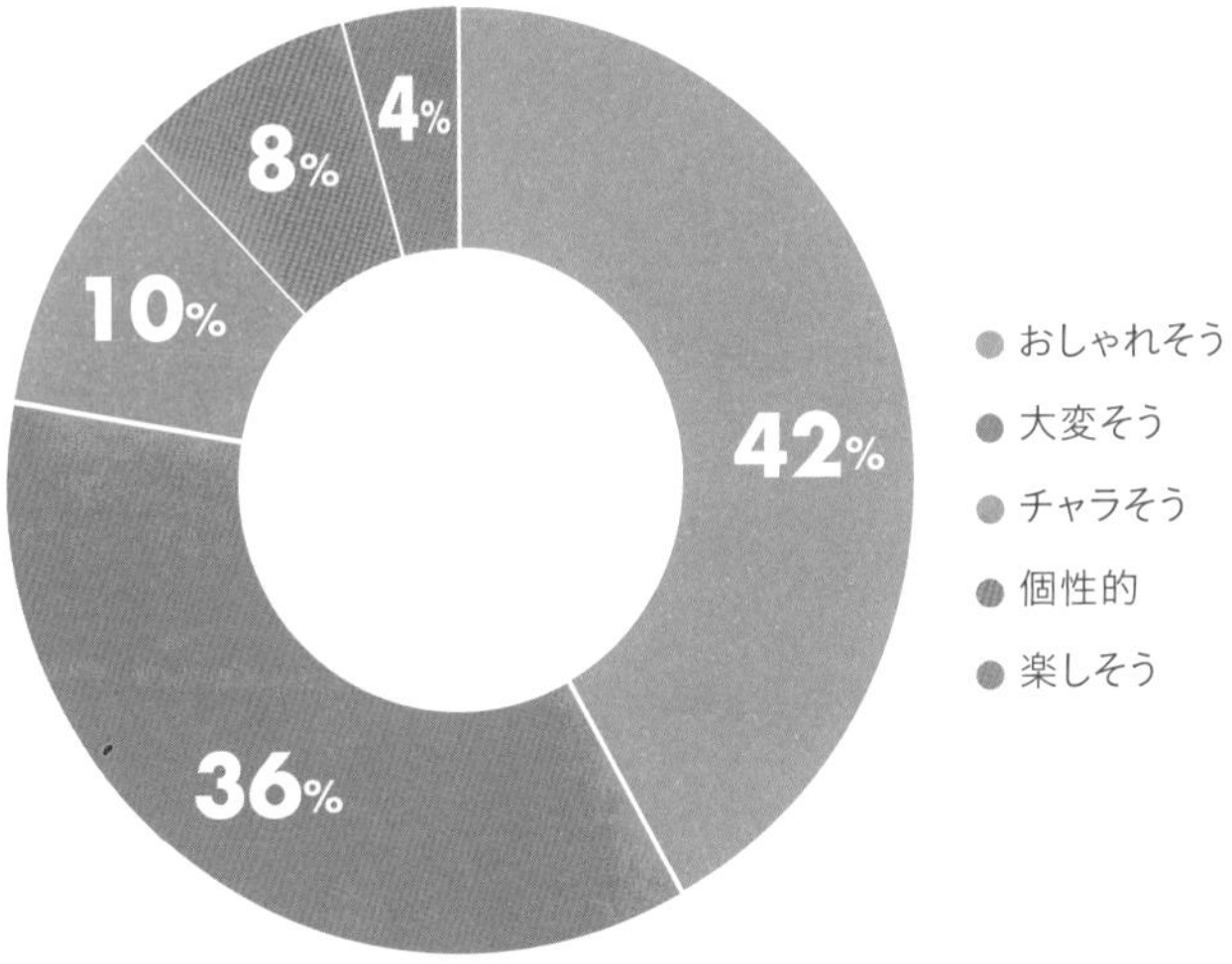

3年以内に8割が離職!?

厚生労働省のデータによると、美容師の離職率は1年で50％、3年で80％、10年で92％です。

高い離職率の原因として、①給料が安い、②長時間労働、③休日が少ない、④人間関係のストレス、⑤キャリアアップに時間がかかる、といった美容業界の問題点が挙げられます。美容師の世界は、アシスタントとして平均3年は修業するのが決まりで、長い間、古い感覚が変わらない厳しい労働環境のままでした。最近でこそ、政府によって働き方改革が推奨され、美容師の仕事でも長時間労働は禁止されるようになりましたが、昔からの業界のやり方がすぐに変わるわけではありません。

美容師として優れた技術を持っていても、若いうちからしっかりとしたキャリアプランを描いていないと、40歳になって「やばい！　将来が見えない」ということになりかねないのが美容師の仕事です。

人生100年時代のなかで、皆さんが美容師としてどう生きるのか、人生をどう充実させるのか考えることが大切なのです。

美容師の離職率

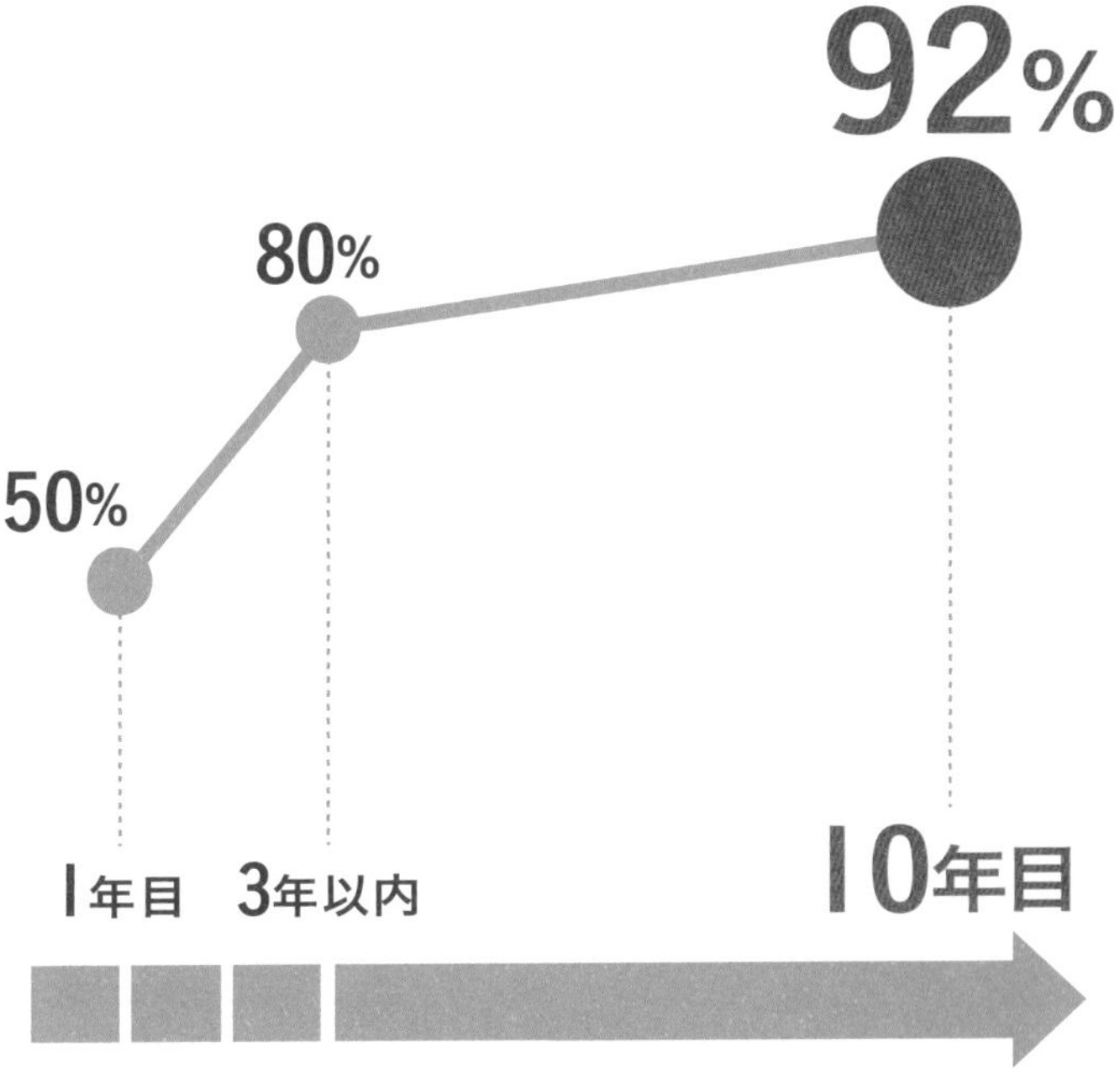

アシスタントの給料は、手取り12万円

美容師になるための一般的なコースは、高校卒業後、美容専門学校で2年間学び、20歳で美容室に就職するというパターンです。昔はインターン制度がありましたが、今はなくなり、美容師免許を取得した状態で入社することになります。

今の時代は、長い修業期間を嫌がる人が多いため、3年ほどでアシスタントを卒業し、ヘアスタイリストデビューを目指します。

アシスタント時代の給料は、15~18万円程度です。ここから、社会保険料などが引かれると手取りは12万円くらいになることも……。

都会ではこの給料で暮らしていくのは大変で、アルバイトをする時間もないため、自宅から通えない人は、寮のあるサロンを選ぶことも多いです。

この低収入に耐えられず辞めてしまう人もおり、「美容学校時代にやっていたアルバイトのほうが高収入だった」という話も聞きます。

美容師のランク

マネージャー

人材育成、商品管理、労務管理、売上管理などを行う

トップヘアスタイリスト

ヘアスタイリストの中でも高い技術を持ち、人気がある

ヘアスタイリスト

カット、カラー、パーマ、ブローなどを行う

アシスタント

美容室の掃除やカラー、パーマの補助、シャンプー、マッサージなどの業務を行う

ヘアスタイリストになっても、年収は３００万円

アシスタントからヘアスタイリストに昇格すれば給料は上がります。売上げに対してのインセンティブがつくことが多いからです。

それでも30歳での給料は25～28万円程度が平均です。このような数字から、美容師の年収は３００万円と言われ、世間一般の30歳の平均年収である３５６万円に比べると、決して高いとは言えません。

有名サロンでアシスタントを使っているヘアスタイリストの場合でも、40～50万円もらえると良いほうでしょう。有名サロンは立地が良いため、家賃が高く、役職給がついても給料がどんどん上がるということにはならないという面もあります。

「年収３００万円では結婚して家庭を持つのは難しい」と、結婚を諦める美容師も少なくありません。

特に、家賃など生活費が高い都会では、年収３００万円では生活するだけで精一杯で、貯金をするのも難しく、将来への不安も大きくなるでしょう。

年数による平均収入は

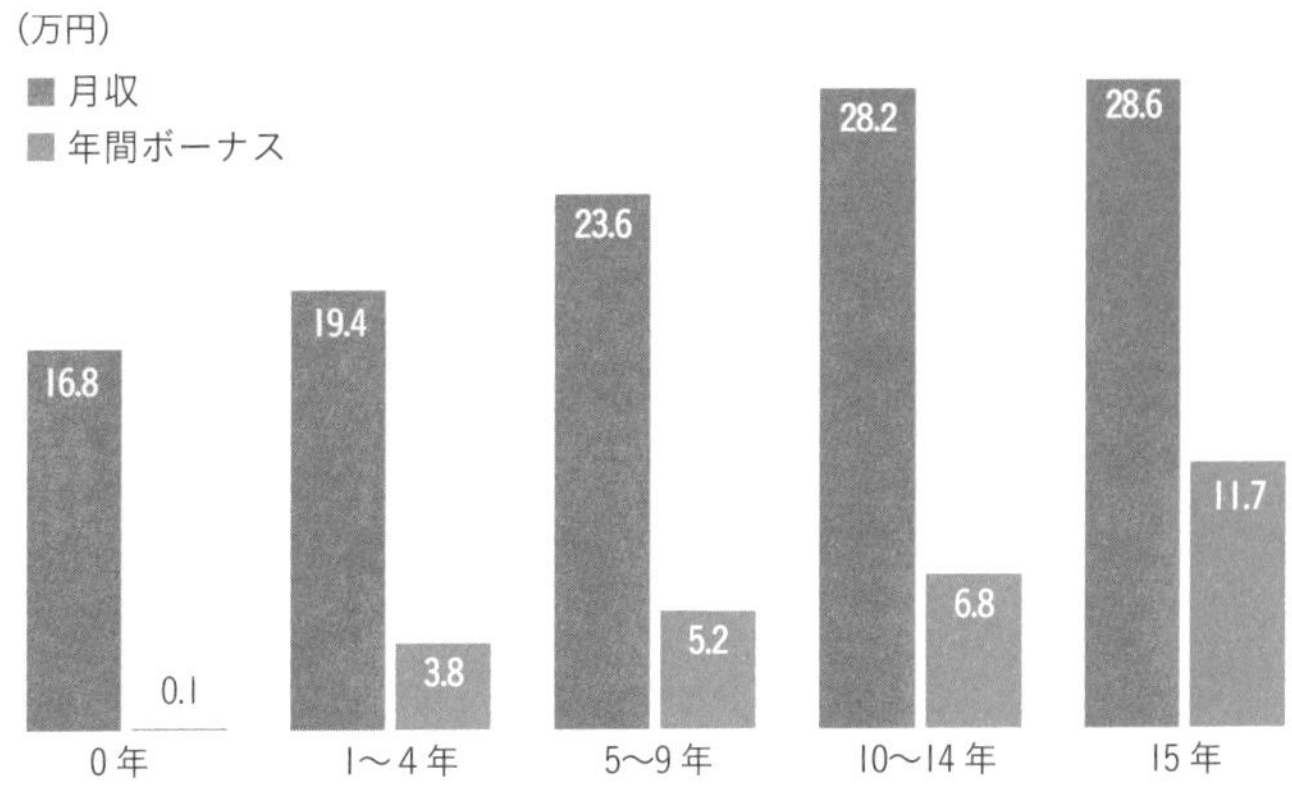

※男女合わせた平均を算出

理容師・美容師の平均給料は

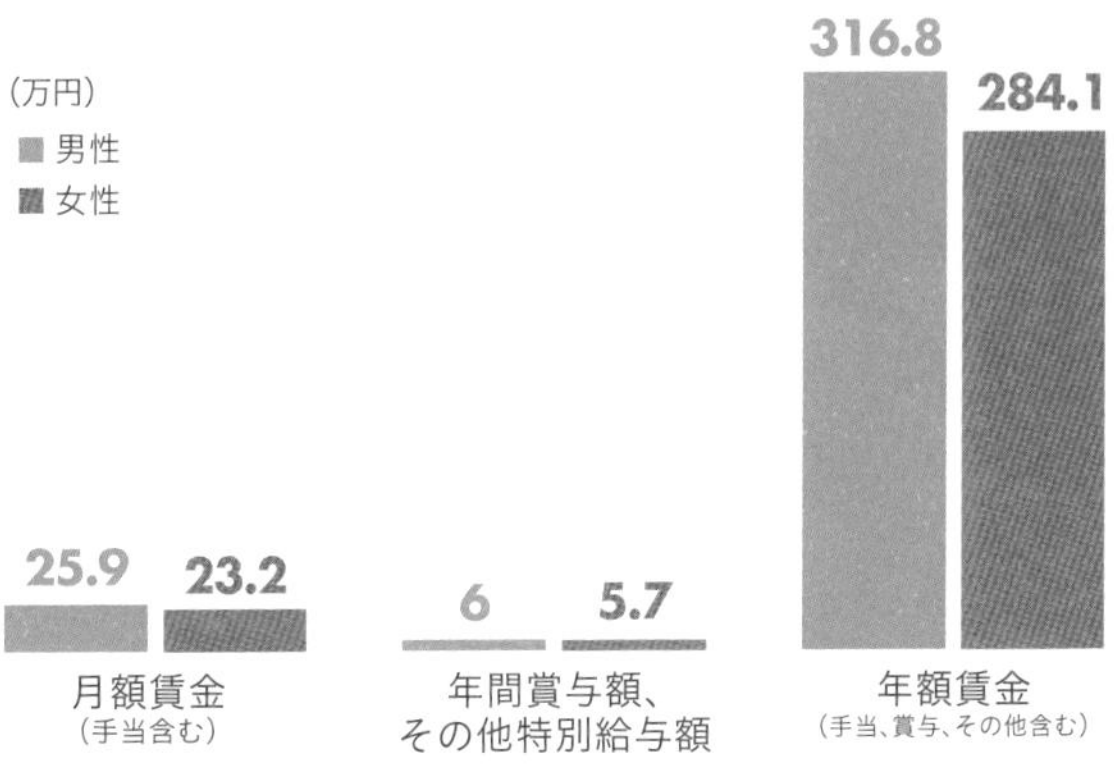

長時間労働、休みなしの過酷なアシスタント時代

アシスタント時代は、21時に仕事が終わったあと、2時間ほどの勉強会を行うというのも一般的です。美容業界では残業手当の支給がない会社も多く、もちろんお給料には反映されません。ただし、現在は働き方改革のため、営業時間内で勉強会を行うサロンも増えています。営業時間外の勉強会を「労働基準法違反だ」と美容師が会社を訴えるケースも出てきました。

アシスタントは、営業が終わったあとに、先輩のためにカットモデル探しをすることも多いです。自分のためのモデルハントの場合もあります。

営業が終わってから終電までの2時間の間に、自分がハントしたお客様を連れてきて、カットの練習をさせてもらう人もいるでしょう。

休日に町に出て連絡先を伝えて、サロンに来てもらえるようお願いすることもあります。

このように、アシスタント時代は過酷で、プライベートな時間はほとんど取れないと思ったほうがよいでしょう。

出勤日にお店にいる1日の平均滞在時間は

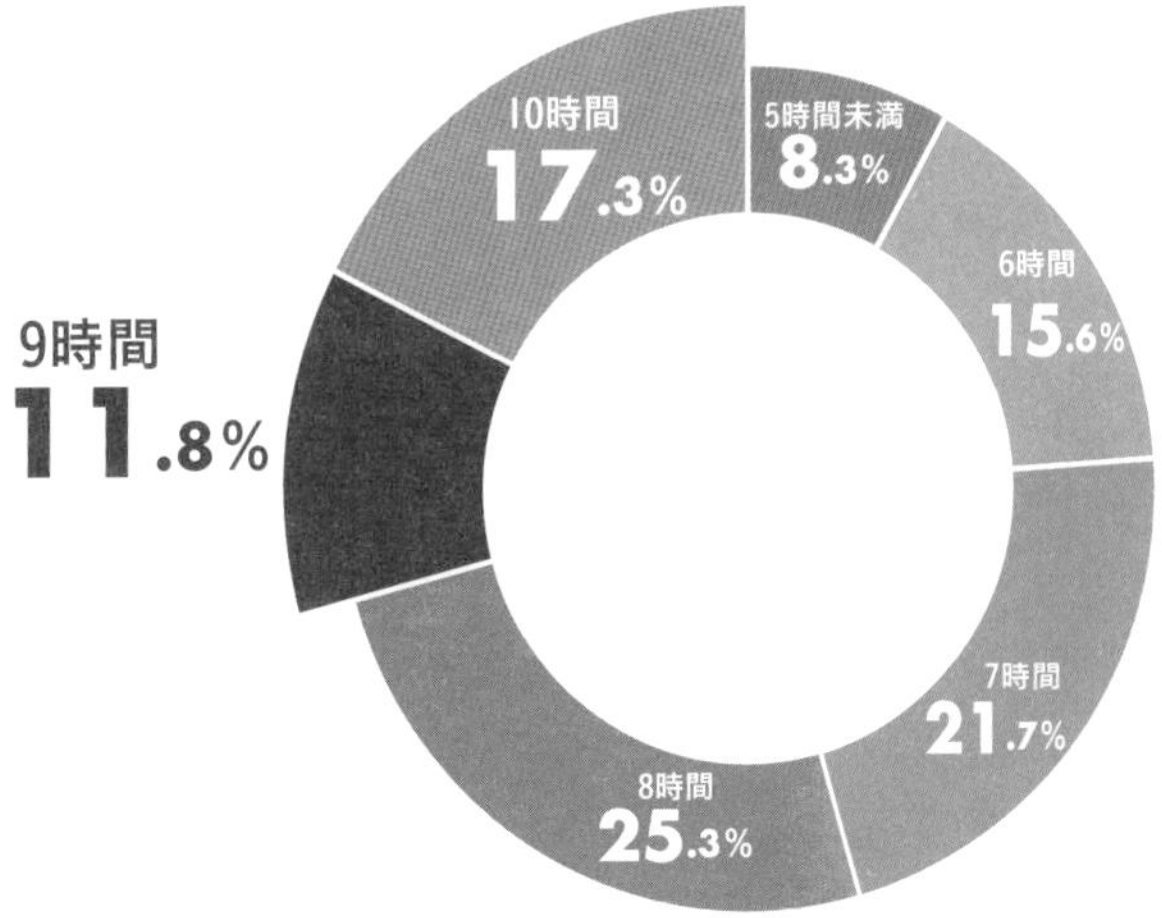

技術練習はいつ行って
いるか(複数回答可)

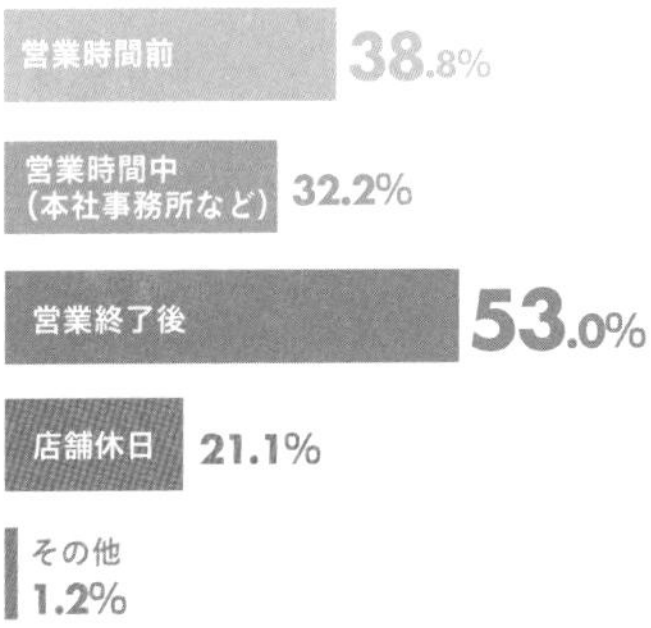

技術練習は業務時間に
含まれているか

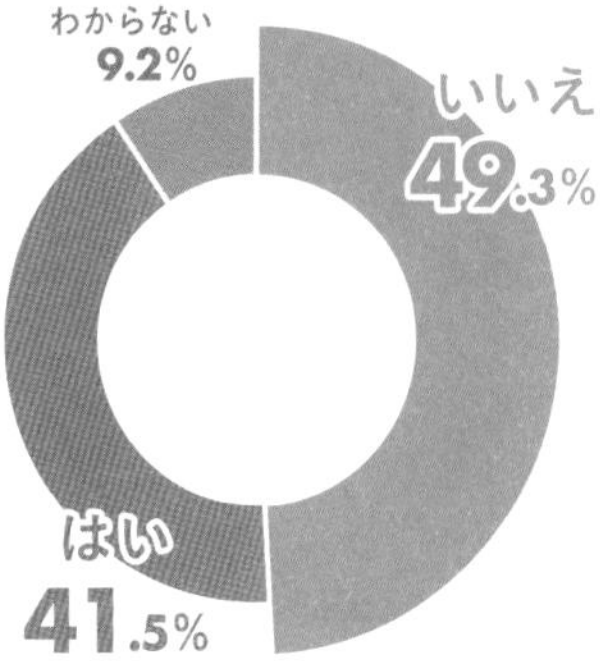

※モニター提供先:ゼネラルリサーチ
※調査期間:2019年8月27日~2019年9月2日

美容師が持つ人間関係の大きな悩み

人間関係のストレスも離職の大きな原因となります。お客様、美容師間、店長、社長との関係のなかでストレスに悩み、辞めてしまうのです。

特に美容師は、業界だけの知り合いしかいないという人が多いです。サロンの休日が土日ではなかったり、休みの日に技術を学びに行ったりしているため、美容師以外の人との関わりが少なくなるのです。狭い世界で気持ちの切り替えも難しくなり、疲れ果ててしまうのかもしれません。

アシスタント時代は美容業界特有の厳しい上下関係に苦労する人も少なくありません。また、ヘアスタイリストになると、同僚との売上げ争いなどで関係がぎくしゃくしてしまう、後輩を指導してもやる気を起こしてくれない……といった悩みもあるでしょう。

接客では、クレームはもちろん、年輩のお客様とのジェネレーションギャップもストレスになります。若い美容師には、言葉遣いや服装がお客様にフィットせず、指名になかなかつながらないという苦労もあるでしょう。

現場にはどんな人間関係の悩みがあるか

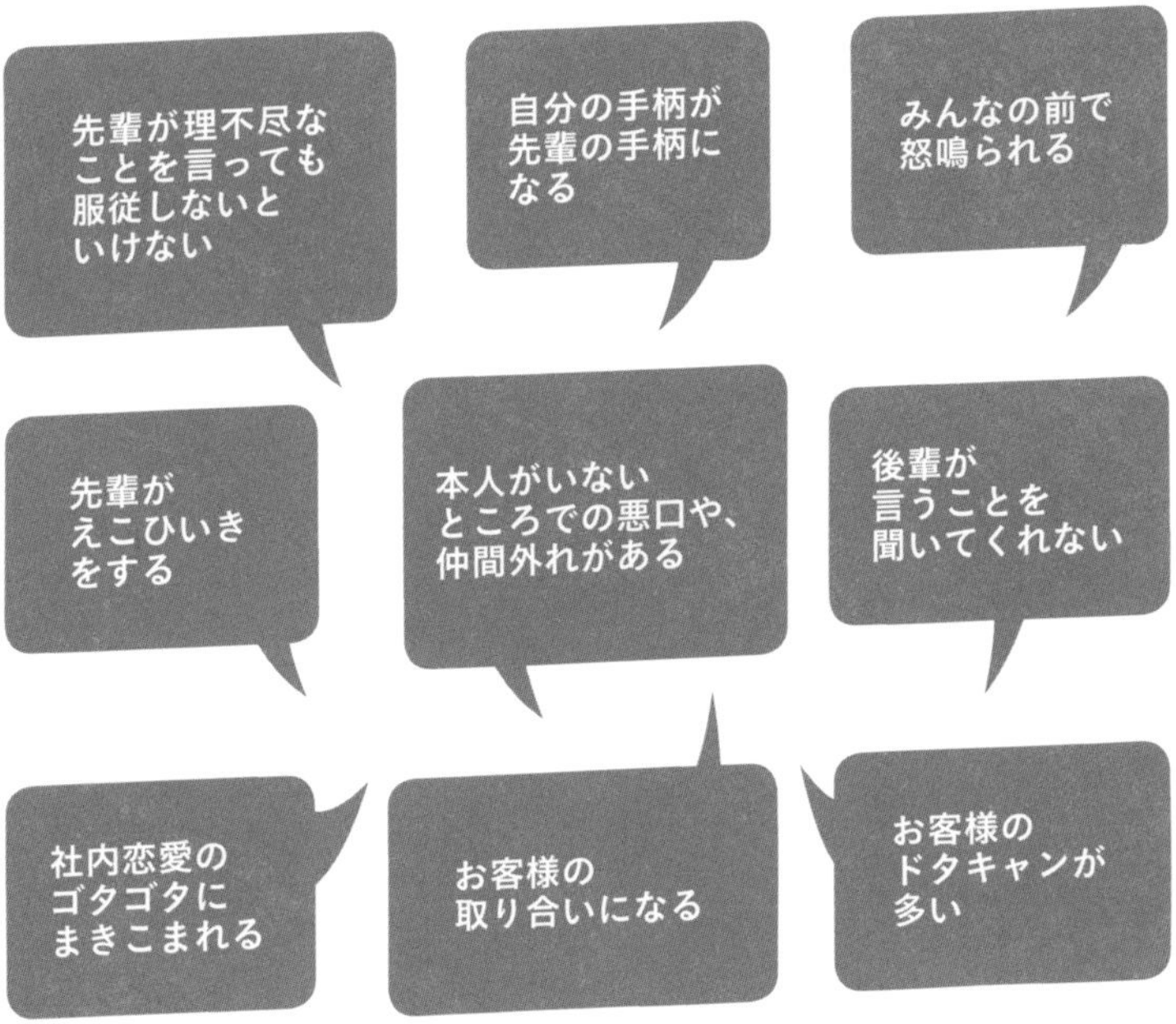

いつまでもヘアスタイリストになれない！

現在、アシスタント期間は3年ほどのサロンが多いですが、先輩ヘアスタイリストの売上げが低かったり、サロンに集客力がないと、ヘアスタイリストデビューをしても、先輩が新規客を担当するため、なかなか入客（お客様を担当）させてもらえないといったことが起こります。

また、アシスタントがすぐに辞めてしまうサロンでは、後輩が入ってこないため、自分がデビューしても、アシスタント業務から抜け出せないケースもあるでしょう。東京の有名サロンですと5〜6年はアシスタント、スーパーアシスタント（アシスタント不足のサロンで、技術があってもアシスタントをしなければいけない立場の人）なら7年ほどというケースもあります。

また、単価の安いサロンでは、短い教育期間で早くヘアスタイリストデビューをさせ、技術はまだまだ伴っていないのに、とにかく数をこなさせるというところもあります。

このように、サロンの状況によって、アシスタントを完全に卒業できる期間は異なります。ですから、理想的なのは技術を磨くことができ、キャリアプランを考えてくれるサロンを選ぶことが大切です。

100店舗に聞いた! ヘアスタイリストデビューにかかる年数とカリキュラム

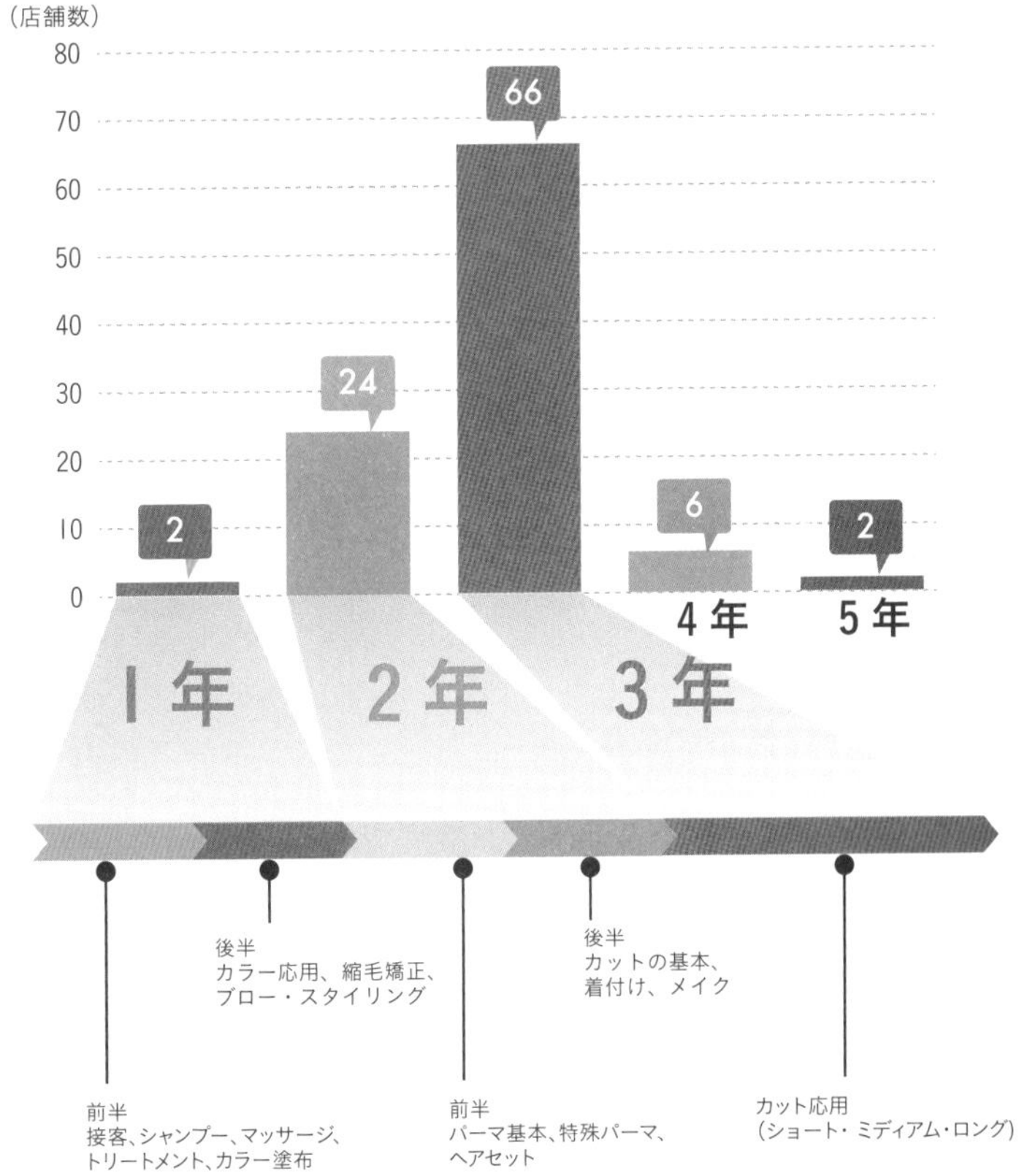

ヘアスタイリストの寿命は40歳!?

美容師は「いずれは自分の店を持ちたい」という夢を持って働いている人が多いでしょう。しかし、技術を身に付けても30歳で年収３００万円だと、独立のための資金を貯めることも難しくなります。

そのため「今よりも高い給料のサロンで働き、独立するための貯蓄をしよう」と転職を考える人も少なくありません。

一方で、独立の機会を逃したまま40歳くらいになると、サロンにいづらくなってきます。40歳を過ぎると、感性・体力の両面から、若い美容師とのジェネレーションギャップも感じるでしょう。ほとんどのヘアスタイリストが独立してサロンを去っていくなか、「まだ独立しないの?」という目で見られることもストレスになります。

実際、私のサロンでも、40歳のヘアスタイリストが若いヘアスタイリストに売上げで抜かれ、辞めていった例があります。先輩であるにもかかわらず、パワーバランスが崩れ、プライドもあるぶん、その場にいづらくなってしまうのです。

無限の可能性!　どこを目指すか

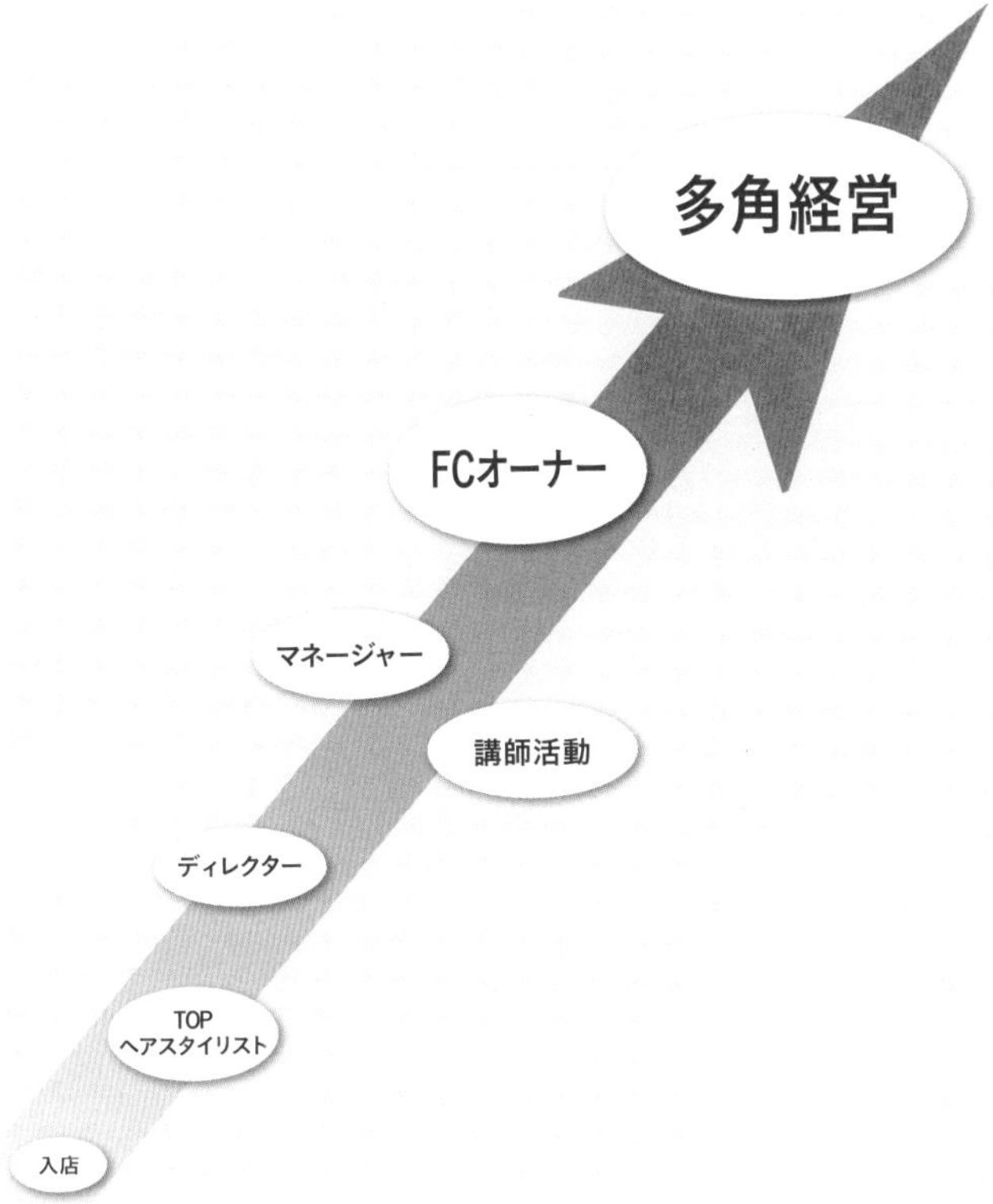

※コムズグループの場合の例

40歳から、どう美容師として生き残ればいいか

ずっとサロンで働いていた美容師にとって、40歳を過ぎてからの道は複数考えられます。例えば、マンションの1室などを借りた「一人オーナーサロン」です。しかし、もともと顧客がついていないと長く続けていくのは難しいでしょう。フランチャイズのオーナーになる場合は、経営のノウハウを教えてもらえるというメリットがありますが、採算が取れないと閉店に追い込まれます。

大手のサロンで働いている場合では、美容師として接客する仕事以外の道もあります。また激安サロンでは若手の美容師は少なく、40代、50代の美容師も多く勤務しています。こういったサロンは、「おしゃれな美容室に行くのは恥ずかしい」という中高年男性も多く、年輩の美容師のほうが安心されるのです。ただし、単価が安いため、給料などの待遇面はあまり期待できません。

美容師を辞める場合は、ドライヤーやヘアケア用品のメーカーに転職したり、一からまったく違う仕事に就くことになるでしょう。どんな仕事に就いても、自分が幸せで満足できるのならいいですが、「こんなはずではなかった」という後悔をしないためには、若いうちからキャリアプランを考えておく必要があります。

40歳以降の 美容師の主な選択肢は

- 土日祝／ヘアスタイリスト 平日／講師業
- フランチャイズのオーナーになる
- 人を使わずに家賃の安い場所で独立する
- 1,000円カットなどの激安サロンで働く
- 会社の中でキャリアアップし、開発や管理部門にまわる
- まったく違う仕事への転職

美容室は、１年で７割が閉店！

40代に入ってサロンにいづらくなったからといって、考えもなく独立してしまうと、破綻する人が多く出てしまいます。技術は学んできたものの、経営に関してはまったく学んでいない人が多く、なかなか安定した利益を上げることができないのです。なかには自分の店を手放し、ほかのサロンに働きに出る人もいます。

現在、１年間で１万件ほど美容室ができ、その数は全国で25万１１４０店舗（２０１８年度・厚生労働省調べ）です。一方で閉店率は１年で７割。新しい美容室ができては閉店していくのが現状なのです。

昔は「美容室は潰れない業界」と言われ、自己資金が３００万円あれば、日本政策金融公庫から１３００万円程度の開業資金を借りることができました。今は８００万円程度に下がり、大きな店を開業したいという人は、それにプラスして銀行から借り入れをします。

このように、開業のためのお金を美容師は借りやすいので独立する人が多いのですが、経営を勉強していないとサロンを続けていくのは難しいのです。

サロン数の推移

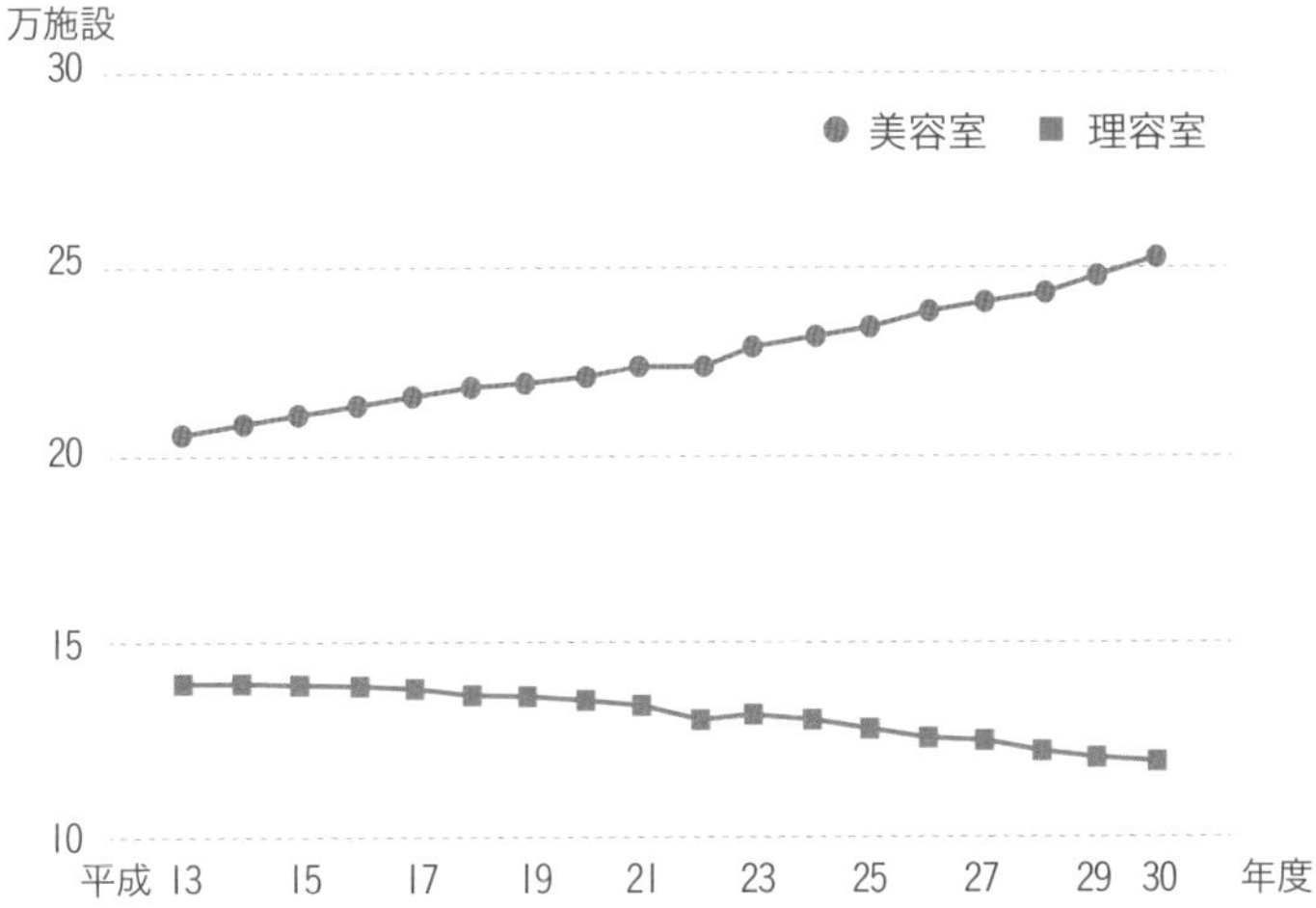

美容室の倒産、休廃業・解散の推移

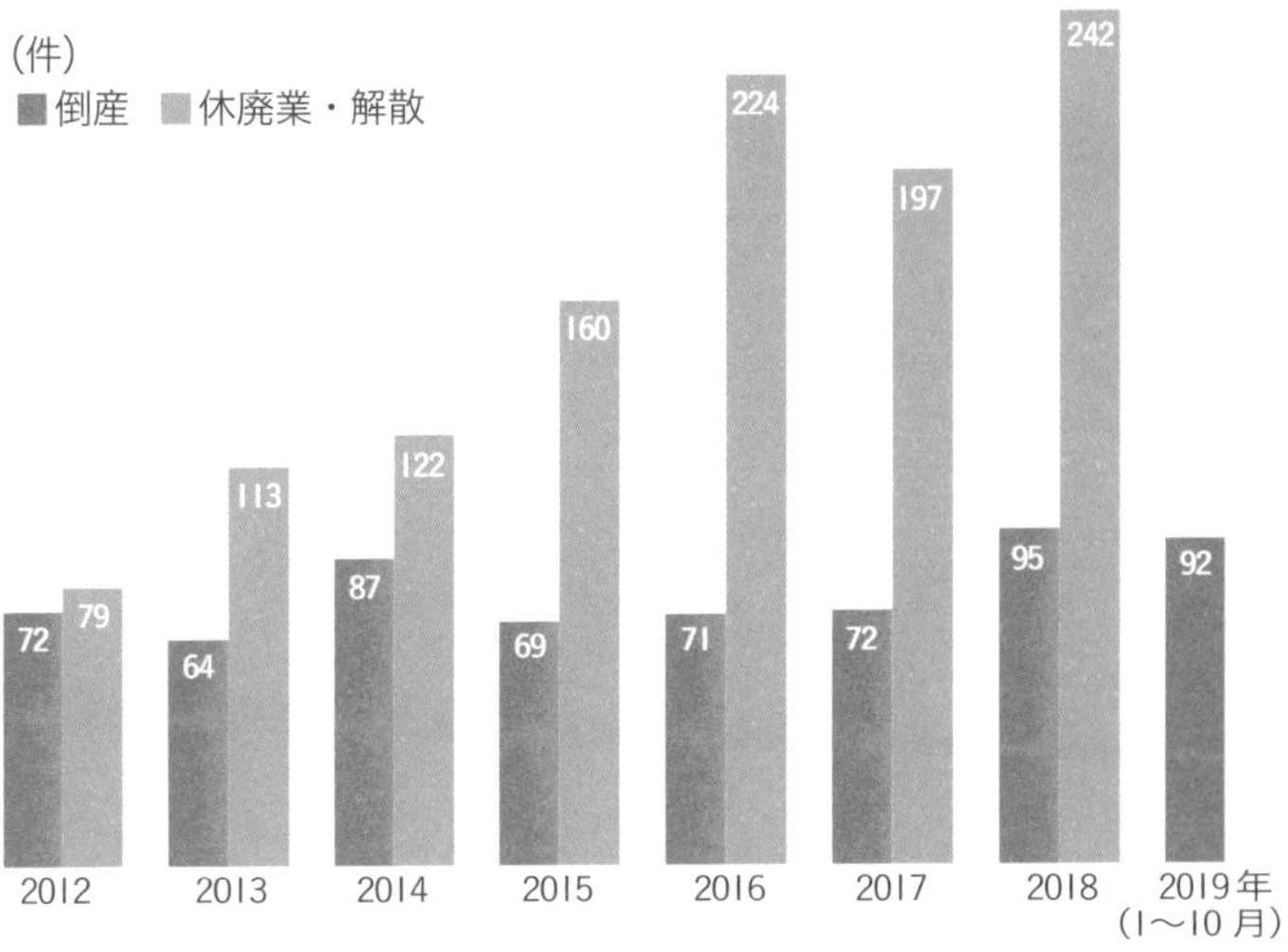

女性美容師は、実は35歳からが売れ時なワケ

美容師の業界では、男性美容師の売れ時は35歳まで、女性は35歳からと言われています。

美容師の40歳定年説についてお話ししましたが、実は女性は男性よりもサロンで長く働きやすいのです。なぜなら、女性はヘアだけでなく、サロンに併設しているスパやエステなどの仕事もしやすく、仕事に幅を持たせることができます。お客様の肌に触れる仕事は、女性美容師のほうが好まれることも多いのです。最近は、ヘッドスパのメニューを取り入れているサロンも増えており、頭皮のケアを重視するお客様も多くなってきました。また、女性は共感力があるというイメージのおかげで男性美容師よりもお客様がつきやすい傾向もあります。

以前は結婚や出産で辞めてしまう女性も多かったですが、最近は、出産後に産休育休を取ってたあと、復帰する人、パートタイムで働く人もいます。私のサロンでも出産後3カ月で戻ってくる方がいて、夫よりも給料が高いそうです。時短勤務で16時に終わって、保育園に迎えに行くという働き方もでき、日曜日を休みにすることもあります。16時に勤務を終える働き方でも、指名のお客様が多くついていると、通常のヘアスタイリストよりも給料が良い場合もあります。

正社員の性別・平均年齢別サロン数の構成割合

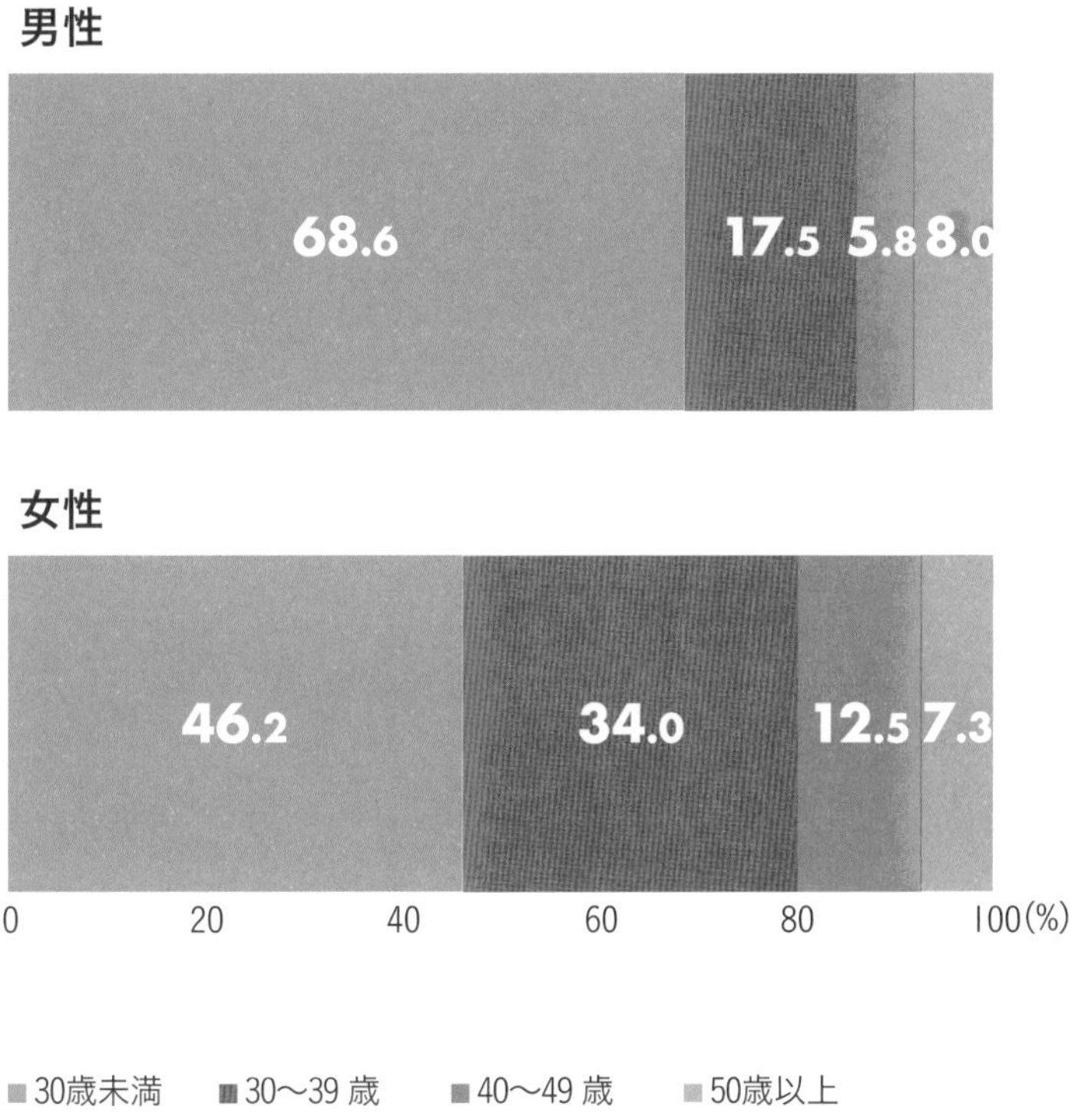

売れたければ、接客力をつけろ

美容師になって、カットがすごくうまいなど、技術がいくら優れていてもお客様から指名がつかない人もいます。「笑顔がない」、「おしゃれじゃない」、「褒めない」といった接客だと、お客様からリピートされることはありません。

見た目の感じの良さとおもてなし力は、美容師には必須です。給料が安くても、見た目を磨き、おしゃれな服装にお金をかけないといけないので大変です。

お客様にきれいになっていただき、気持ちを上げていただくためには、時にはホストやキャバクラ嬢のような接客力も、ヘアスタイリストには求められます。最近では、SNSでヘアスタイルを発信する人も多く、フォロワーを増やして、指名につなげている人も多いです。お客様とLINEを交換して、情報発信を行うなど、お店に出ていない時間も細やかな営業活動を行う人もいます。

また、美容師に悩みを打ちあけ、愚痴を聞いてもらいたいというお客様も多く、お客様を癒し、時にはカウンセラーのような役目も果たします。このように技術力が身に付いていても、接客力や営業力が足りないと、指名がもらえず、売上げにはつながらないのが美容師の世界です。

美容師に必要な3つの力

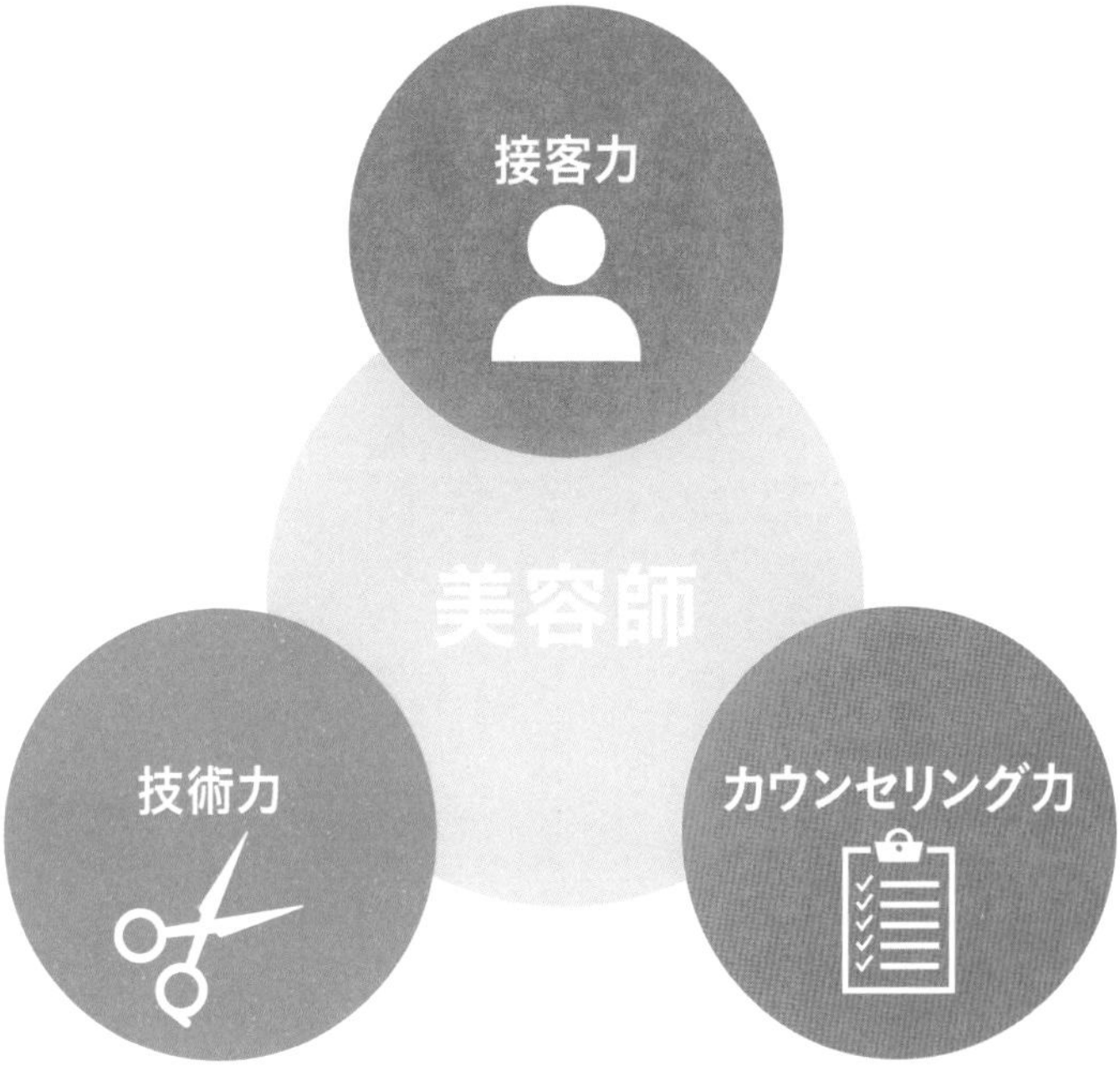

待ったなし！ 今すぐ美容師としてのキャリアプランを立てる

美容師の業界にはさまざまな問題点があり、ヘアスタイリストとして成功するためには、自分がどういうキャリアプランを描くのか、早い段階から見極めることが大切です。私はヘアスタイリストとして成功するかどうかは、最初に入ったサロンでだいたいが決まると考えています。美容学校を卒業後、きちんと教育してもらえるサロンに入った人は、順調にキャリアアップし、独立して自分の店を持つことも可能でしょう。しかし、経営者が教育やキャリアプランについて深く考えていなかった場合は、技術はもちろん、人として大切なことも教えてもらえません。そのため、「この世界で生きていくのは難しい」と諦めて美容師を辞め、異なる職業に就いてしまうのです。

今は、経営者側も雇われる側も昔のやり方が通用しなくなってきています。給料が良いところに移って、お金を貯めて独立しても、お金だけではその後の経営はできません。かといって、40歳になってもサロンにしがみつき、若いヘアスタイリストに邪魔者扱いされながら働くのは楽しくないでしょう。ヘアスタイリストは、これからどういう働き方をすると幸せな人生が送れるのでしょうか。美容師の3つのキャリアプランについて、一緒に考えていきましょう。

美容師免許を活かせる仕事

ヘアメイクアーティスト	モデルやタレントなどのヘア&メイクを担当する。
ヘッドスパニスト	頭皮の健康に特化したヘッドスパの施術を行う。美容師経験を必要とする求人も多い。
カラーリスト	カットは行わずカラーリングだけを専門に行う。美容師経験を必要とする求人も多い。
アイリスト	まつげエクステやまつげパーマといった施術を行う。美容師免許が必要な仕事。
福祉美容師	障害や病気などで外出が困難なお客様の自宅や病院、福祉施設などに訪問し、カットやカウンセラーなどを行う仕事。
美容メーカーの営業	サロンで使う商材の提案や営業を行う。美容師経験が歓迎される求人もある。

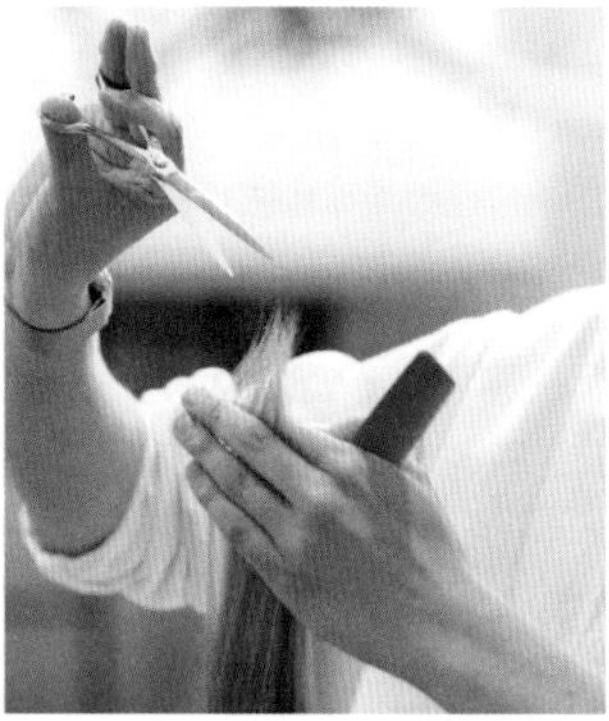

PART 2

これがヘアスタイリストの「王道」！3つのキャリアコース

ヘアスタイリスト　3つの働き方

ひと昔前は、美容学校を出たあと、サロンに正社員として就職し、その後、別のサロンに転職するか、独立して店を持つ、という働き方しかありませんでした。

しかし、近年はフリーランスとして働く美容師も増えています。

フリーランスですと、美容室の空いているスペースを借りて仕事をする「面貸し」や、「業務委託」という形を取ることが多いでしょう。

どちらも人間関係のしがらみが少なく、独立資金がなくても、独立感覚で働くことができます。

このほか、アシスタントを雇わず、お客様にマンツーマンで接する、一人オーナーサロンというスタイルもあります。

結婚や出産、子育てなどで現場を離れた女性が、パートタイムで復帰するというケースも増えています。

次のページから、それぞれの働き方について詳しく見ていきましょう。

ヘアスタイリストの3つのキャリアコース

	雇用型(正社員、パート含む)	業務委託	面貸し
契約状態	雇用	業務委託	賃貸契約
報酬	サロンの給与体系による(多くの場合、固定給＋歩合)	売上げに応じた歩合(平均40〜50％)	売上げから賃貸料を引いた額
労働時間	拘束される	原則として拘束されない	拘束されない
業務の指揮命令	命令に従う	原則として命令を受けない	命令を受けない
社会保険加入義務	あり	なし	なし
サロン側から見たメリット	●長期雇用が可能 ●一体感をつくりやすい ●教育・指示がしやすい	コストがかからない	●コストがかからない ●空きスペースの有効活用
サロン側から見たデメリット	●コストがかかる ●法的な義務がある	●教育がしづらい ●指示できない	指示できない
ヘアスタイリスト側から見たメリット	●安定している ●法律で保障が多い(固定給、安定収入)	●好待遇 ●自由に働ける ●集客しなくてもいい	●勤務場所が確保できる ●自由に働ける
ヘアスタイリスト側から見たデメリット	●拘束される ●給与が低い傾向にある	●収入が不安定 ●個人で確定申告が必要	●集客が必要 ●収入が不安定 ●個人で確定申告が必要

パターン❶

王道中の王道！

雇用型サロン

給料は固定給＋歩合制、ボーナスは低い

美容専門学校を卒業したあと、ほとんどの人は美容室に正社員として就職して、アシスタントとなります。

こうした雇用型サロンでアシスタントとして技術を学び、ヘアスタイリストを目指すことになります。

アシスタントの給料の安さについては、ＰＡＲＴ１でも述べましたが、固定給です。

一方、ヘアスタイリストになってからは、給料は固定給＋歩合制となり、歩合次第で大きく変動します。固定給は少なめに設定しているサロンも多く、歩合に左右されると、正社員だからといって、安定した給料が保証されるわけではありません。

●固定給20万円＋歩合10％の場合の月給

月間売上げが１００万円　→　20万円（固定）＋10万円（歩合）＝月給30万円

歩合に反映されるのは「指名料」と「売上げ」

歩合に反映される一つは指名料です。サロンの予約をするとき、美容師に指名料がかかることがありますが、指名料の10～30％を歩合に還元することが多いです。美容師のランクによって還元率が上がることもあり、なかには１００％還元というサロンもあります。歩合に反映されるもう一つは売上げです。担当したお客様の売上げの10～30％が歩合に還元されます。サロンによっては、一定のノルマがあり、ノルマを超えたときに歩合が発生するということもあります。売上げを伸ばすには、指名してもらうこと、高い単価のメニューを利用してもらうことが必要になってきます。また、ヘアケア商品など店内の物品を売った分が歩合に反映されるサロンもあります。

ボーナスですが、厚生労働省のデータによると、理容・美容師の「年間賞与その他特別給料額」は７万１０００円で、ほかの職業に比べると低いことが分かります。サロンの売上げが良い年は賞与も高く、売上げが低い年は賞与も低くなります。店長やマネージャーなどの役職がつくと、役職手当がつきます。サロンの店長クラスの年収は４００～６００万円くらいが一般的です。

歩合に反映される指名料と売上げ

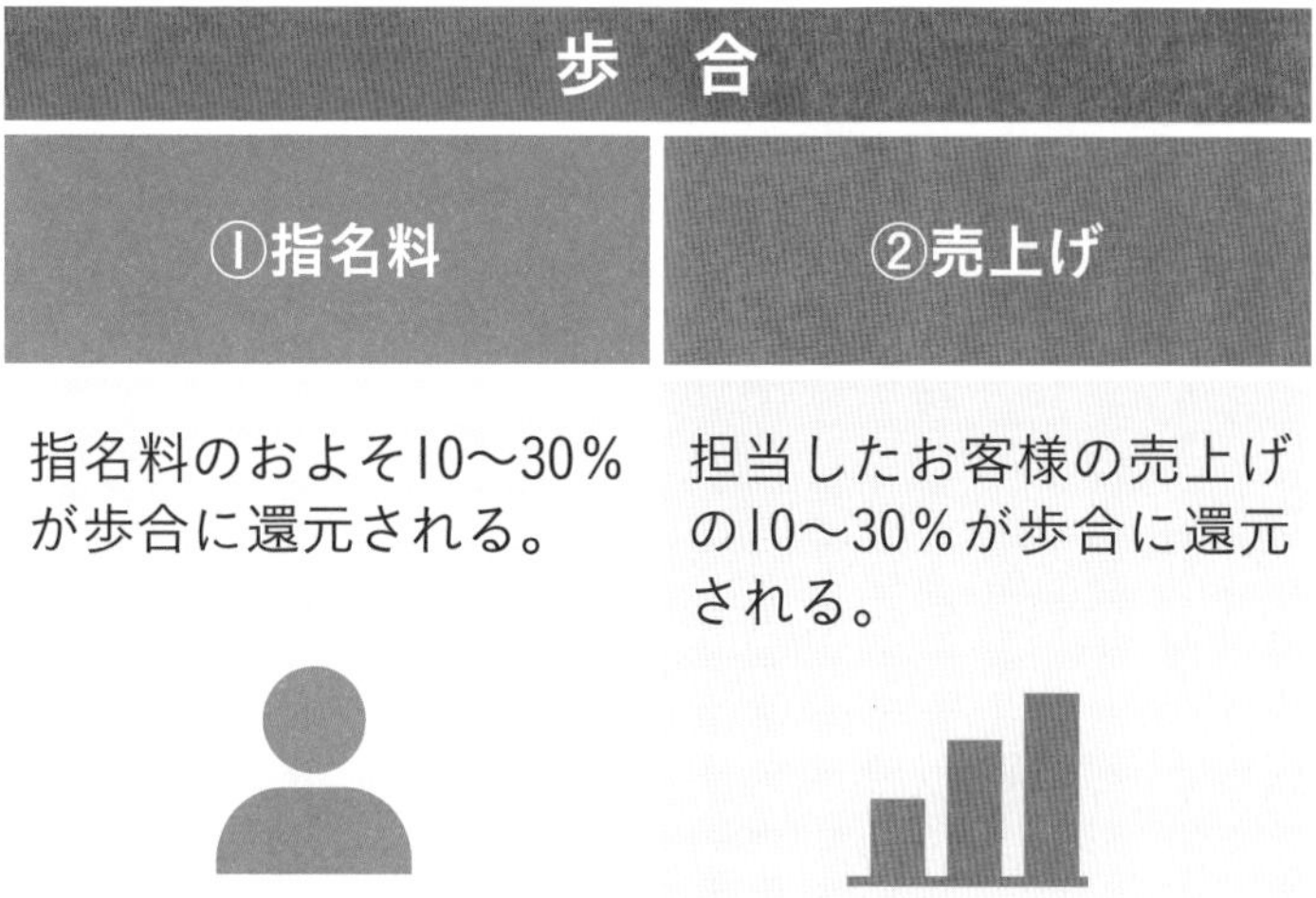

歩合率が変わるパターンでは、100万円未満は10%、100～150万円は15％、200万円以上の場合は20％となったり、ノルマが設定され、ノルマを超えた分だけ還元されることもある。

要注意！　社会保険が完備されていないサロン

美容師の業界では、正社員として入社しても、社会保険が完備されていないサロンもあるので注意が必要です。

理由は、離職率が高いので保険料を負担したくない、法人化されていない個人経営サロンで社会保険への加入が義務化されていない、社員の社会保険料を負担する余裕がない、などです。業界全体で社会保険の加入率が低いので、入社のときにはチェックが必要です。会社が「健康保険」と「厚生年金保険」に加入していれば、従業員の支払い金額の半分を負担してくれますが、加入していない場合は、「国民健康保険」と「国民年金保険」を自分で払うことになります。特にアシスタントの低い給料のなかから支払うとなると負担が大きいでしょう。

東京、大阪の個人経営のサロンで働いている人の健康保険として、東京美容国民健康保険組合、東京理容国民健康保険組合と大阪府整容国民健康保険組合があります。これらの組合には個人で加入できます。国民健康保険の保険料が前年度の所得に応じて変動するのに対し、これらは保険料が一律ですし、国民健康保険よりもサービスも手厚いのが特徴です。

社会保険の種類

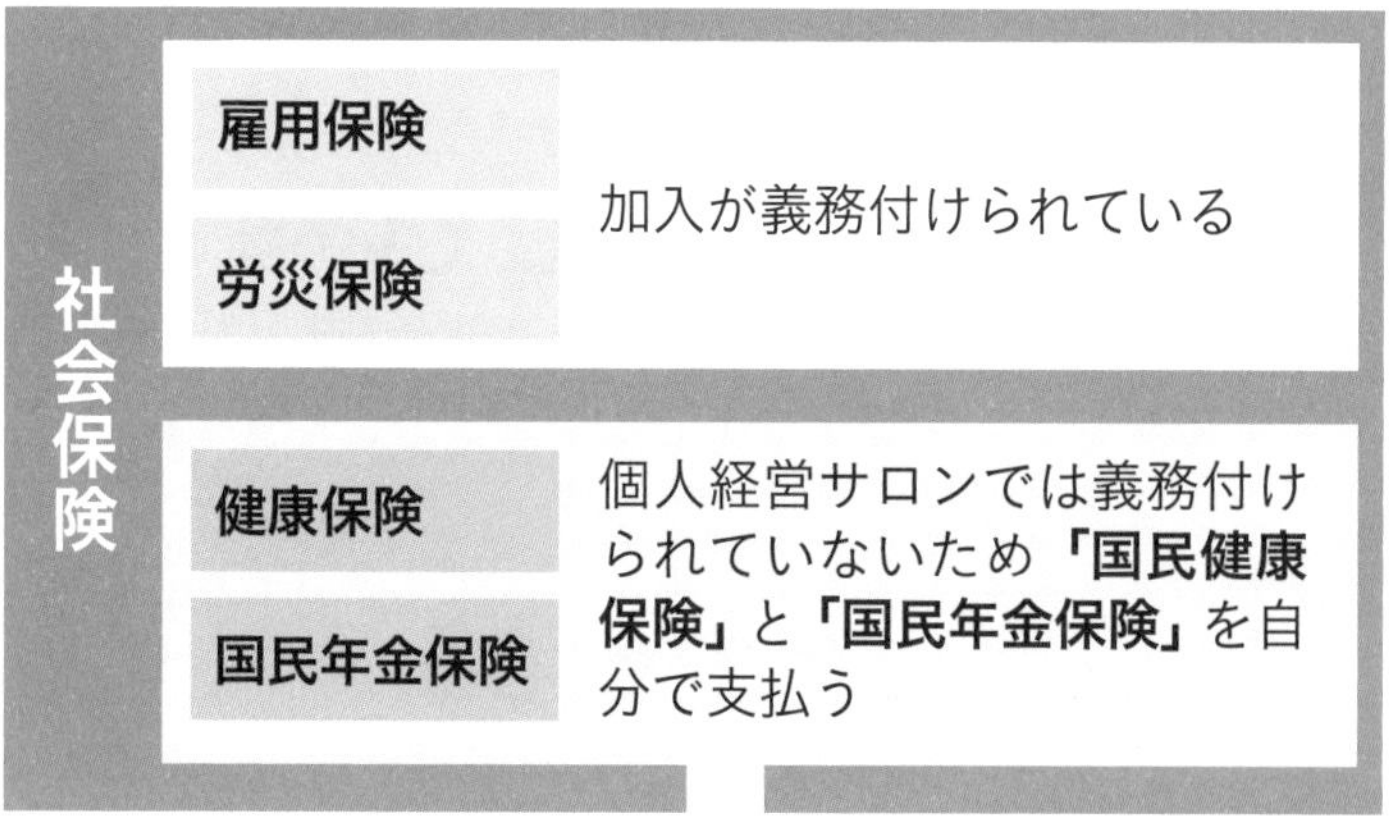

「国民健康保険」……所得によって変わるが、39歳以下で年収400万円の場合は月額2万円程度

「国民年金保険」……月額1万6,540円（2020年4月現在）

雇用型サロンの メリット

1 収入が安定している

月額の固定給があり、法律で守られている働き方のため、病気で欠勤しても有給休暇が使えれば給料がもらえる。

2 教育してもらえる

アシスタント時代は、サロンでヘアスタイリストになるための教育をしてもらえる。

3 キャリアアップを目指せる

アシスタントからヘアスタイリスト、ディレクター、マネージャー……と、サロンのなかで肩書きがあり、キャリアアップを目指すことができる。

雇用型サロンのデメリット

1 長時間、拘束される

部下の指導、ミーティング、各講習などで、労働時間に長時間の拘束がある。残業代はつかない。また、同じメンバーで長時間一緒にいることから、人間関係のストレスも発生しやすい。

2 店長や主任になったときの責任が重い

売上目標の達成や部下の指導など、通常のヘアスタイリスト業務に加えて、管理職としての役割が増えると、責任が重くなり、重圧を感じることも。

3 給料が低い

これまで述べてきたとおり、雇用型サロンは給料が低い傾向にあり、頑張ろうというモチベーションが低くなる。

Sun Mon Tue Wed Thu Fri Sat

アシスタント

8:00	出勤	・カットやカラーの練習
9:00	営業準備	・掃除 ・その日の予約、お店のキャンペーンやクーポン内容などを確認 ・朝礼
10:00	開店	・シャンプー、カラー、パーマのヘルプなどを行う ・忙しい日はランチが取れないこともある
21:00	閉店	・片付け、清掃 ・レジ締め ・ミーティング ・翌日の準備
22:00	練習	・カットやカラーの練習
23:00	退勤	

雇用型サロン 1日のスケジュール

ヘアスタイリスト

9:00	出勤	・その日の予約、お店のキャンペーンやクーポン内容などを確認 ・朝礼
10:00	開店	・カット、カラー、パーマ、スタイリングなどの施術 ・1日の接客人数は、アシスタントがつくと10人前後 ・忙しい日はランチが取れないこともある ・空いている時間があれば集客活動。メールやはがきを送ったり、キャンペーンを考える
21:00	閉店	・ミーティング ・翌日の準備
21:30	退勤	・閉店後、アシスタントの指導に当たることも

パターン❷
ラクそうに見えて意外な落とし穴も……
面貸しサロン

マイペースで働けるが、集客やトラブルは一人で対応

面貸しとは、サロンの席をフリーランスの美容師にレンタルすることです。

オーナーは、お客様が入らない時間帯や余っている席を有効活用でき、美容師は自分のお店を持って家賃を払うよりも安い経費で仕事ができます。

また、サロンに常駐する必要はなく、自由な働き方をすることも可能です。1日に何時間働くのか、週に何日休むのか自分で決められるので、マイペースに働けます。

一方で、集客は自分で行い、お店のファンではなく、自分のファンとして通ってくれるお客様を見つけなくてはいけません。

なにごとも自己責任で、お客様とトラブルになった場合も、一人で対応しなければならないのがフリーランスの特徴です。

また、アシスタントがつくわけではないので、シャンプーからスタイリングまですべてを一人で担当することになります。

時間貸し、または売上連動型の使用料を支払う

面貸しでは、お客様の売上げが収入になり、そのなかから面貸しの契約料をサロンオーナーに支払うシステムです。

最近では、店全体が面貸しの「シェアサロン」の美容室も登場しています。

売上げの30～50％を支払うといった売上連動型や、歩合は１００％で、場所を借りた時間分の利用料を支払う方法などがあります。時間貸しの場合は、１時間１５００円～２０００円くらいのところが多いでしょう。

サロンで働くと朝礼やミーティング、後輩指導などに時間が取られますが、面貸しでは必要ないので、労働時間は短くなります。

サロンとは雇用契約ではないため、自身で社会保険に入り、税金を支払い、確定申告を行う必要があります。

収入を売上げ連動型と時間貸しで比較した場合、次のようになります。

面貸しサロンの収入例

6,000円(30分)のカットを
1日6人接客する場合

売上げ
1日3時間　**6,000円　×　6人　＝　3万6,000円**

①時間料(2,000円/時で借りた場合)での収入

サロンオーナーへの支払い　→　1日6,000円
収入　3万6,000円　－　6,000円　＝　3万円

②売上連動型(30%で借りた場合)での収入

サロンオーナーへの支払い　→　1日1万800円
収入　3万6,000円　－　1万800円　＝　2万5,200円

このほか、カラー剤などを自分で準備しなければならないお店もあります。

面貸しのメリット

1 人間関係の煩わしさがない

上下関係を気にする必要がなく、同僚との売上争いもない。サロンの行事などに参加することもなく、人間関係の煩わしさから解放される。

2 好きな時間に働くことができる

いつ働くか、曜日、時間帯を自分で決めることができ、ダブルワークも可能に。

3 ノルマがない

サロンから毎月のノルマを課せられることがなく、プレッシャーにさらされることはない。

面貸しのデメリット

1 収入が不安定

正社員だと売上げにかかわらず固定給がもらえるが、フリーランスだと、集客できなければ、収入はゼロになってしまう可能性も。直前にキャンセルされることもある。

2 売上管理を自分で行う必要がある

売上げや材料費などの計算を自分で管理し、事務作業も自分で行う必要がある。確定申告も自分で行う。

3 トラブルは自分が責任を負う

お客様とトラブルが起こった場合、サロンに責任はなく、個人でトラブル対応しなければならない。

腕を磨く機会が少なくなる心配も

雇用型サロンの場合は、働きながら技術を学ぶことができ、店長、マネージャーへとキャリアアップするなかで、マネジメントも身に付いていきます。

一方、フリーランスの場合は、教育の機会が用意されているわけではないので、自分で講習を探してお金を払って受講しなければなりません。

美容師の世界は、新しい技術がどんどん生まれますし、最新の知識がないと時代遅れになってしまいます。

今、人気があってお客様がついていても、高い向上心を持って成長を続けないと、売れっ子であり続けるのは難しいでしょう。

また、フリーランスは自由な時間に働けるという反面、常にお客様とメールのやりとりをしたり、集客のためのＳＮＳを更新するなどで、施術以外にも時間を取られます。そのため、オンオフの切り替えが難しくなり、「気づいたらずっと仕事モードだった」ということもあります。

面貸しサロン
1日のスケジュール

10:30	入店	・当日のお客様の確認
11:00		Aさんカット＆カラー
13:00		ランチ休憩
14:00		Bさんカット
15:00		Cさんカット＆パーマ
17:00	退店	・売上集計 ・事務作業 ・お客様への営業活動
18:00	業務終了	
20:00	帰宅後	・集客ＳＮＳ配信

パターン❸

人気 急上昇中
業務委託サロン

高収入！　業務委託という働き方

今、同じフリーランスでも、面貸しではなく、「業務委託サロン」で働くというスタイルが増えています。美容師が契約したサロンで、完全歩合制で働く仕組みのことです。

店舗の運営・集客はサロンが行い、美容師は業務を委託される形でお客様の施術を行います。

サロンは正社員として雇用する必要がないため、人件費や社会保険料などのコストを抑えられます。

美容師側は、完全歩合制なので、実力次第で高収入が望め、高いモチベーションで仕事をすることができます。自分で集客する必要もありません。

アシスタントは使わないので、お客様からしてもマンツーマンで接客してもらえるという満足感があります。

なぜ、業務委託サロンが増えたのか

美容師業界では、１年で約1万人の美容師が辞めています。そのため人材不足で、人が集まらない、育たない、辞めていくという負のスパイラルに陥っています。

独立する人も多いですが、技術の勉強はしても経営者としての勉強をしておらず、見切り発車でオープンし、閉店していくというサロンが多いのです。１年以内に60％、３年以内に90％のサロンが閉店するという現状です。

こうしたなか、雇用型よりも業務委託型のほうが、やる気のある良い人材が集まりやすく、美容師も高収入で働けることが分かってきました。

また、世の中の流れも雇用型サロンへの不満が増える一因になっています。働き方改革でワークライフバランスが浸透し、美容師業界の長時間労働がブラックと言われるようになりました。

さらにSNSが影響力を持つ時代となり、個人がインスタグラム、ブログ、ツイッター、フェイスブックで発信することが集客につながります。今はサロンブランディングから個人ブランディングの時代へと移行したのです。

業務委託サロンが歓迎された理由

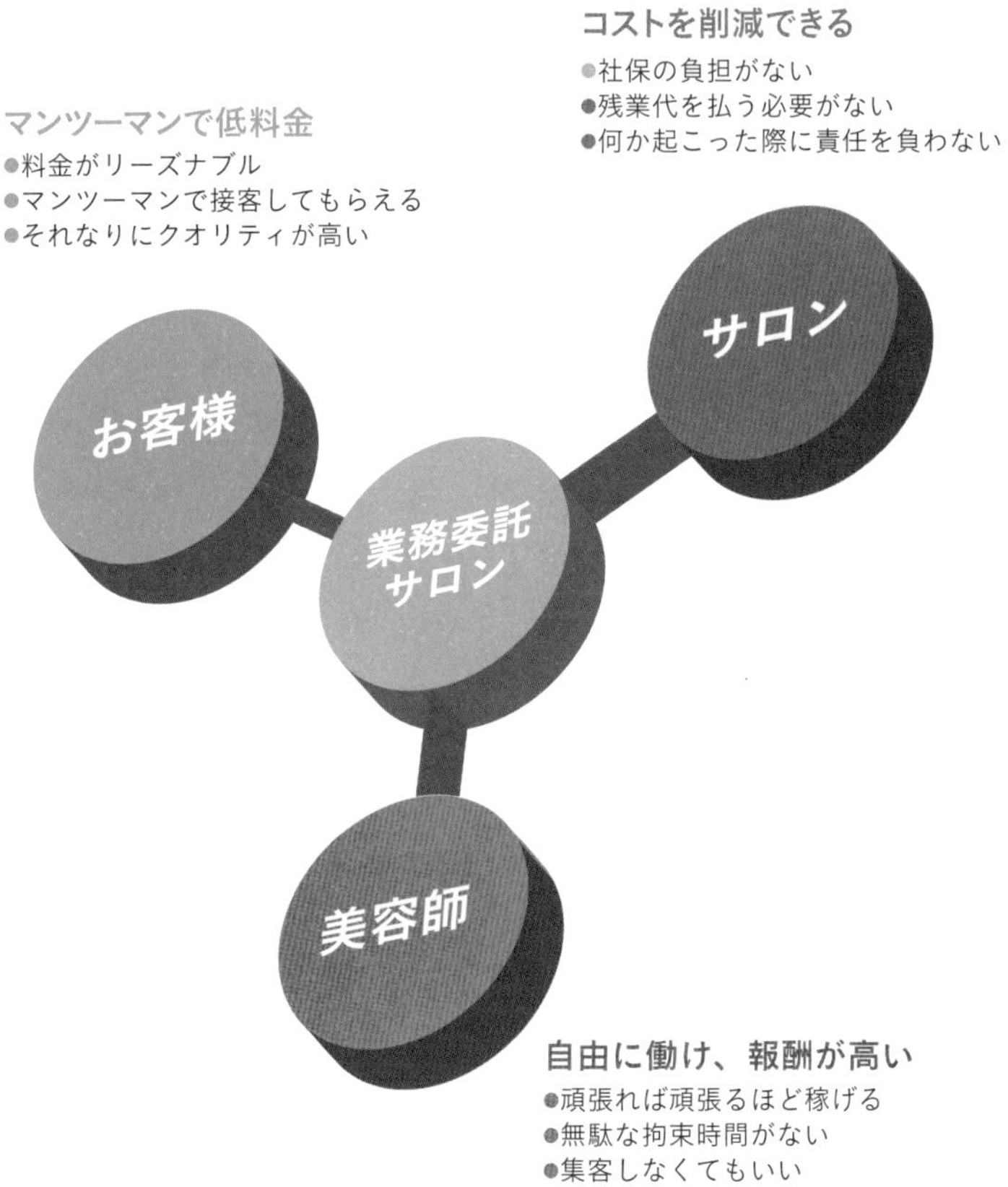

自分で集客をしなくても大丈夫

「業務委託サロン」の特徴として大きいのは、売上げに応じた歩合（平均40〜50％）のため、頑張れば年収１０００万円以上を稼げる人も出てくるという点です。「雇用型サロン」だと、固定給＋歩合で、いくら頑張っても給料が一定以上は上がらない……となってしまい、「もっと頑張って稼ごう」という気持ちを失いがちです。

しかし、「業務委託サロン」は、本人の達成率が収入に反映されるため、「どうしたらもっと指名が増えるだろうか」と真剣に考えるようになるのです。同じフリーランスでも「面貸し」との違いですが、「面貸し」の場合、新規やフリーの入客がなく、集客はすべて自分で行わなければいけません。高い実力と人気があり、自分を指名するお客様が多くないと続けていくことは難しいでしょう。一方、「業務委託サロン」は、サロン側が集客を行います。指名はもちろん、新規やフリーのお客様の入客があり、自分のお客様をサロンで増やしていくことができます。また、「面貸し」では、お客様への料金設定は自分で行いますが、「業務委託サロン」では、サロン側で設定された料金で施術を行うのも異なる点です。

正社員(パートを含む直接雇用)のイメージ

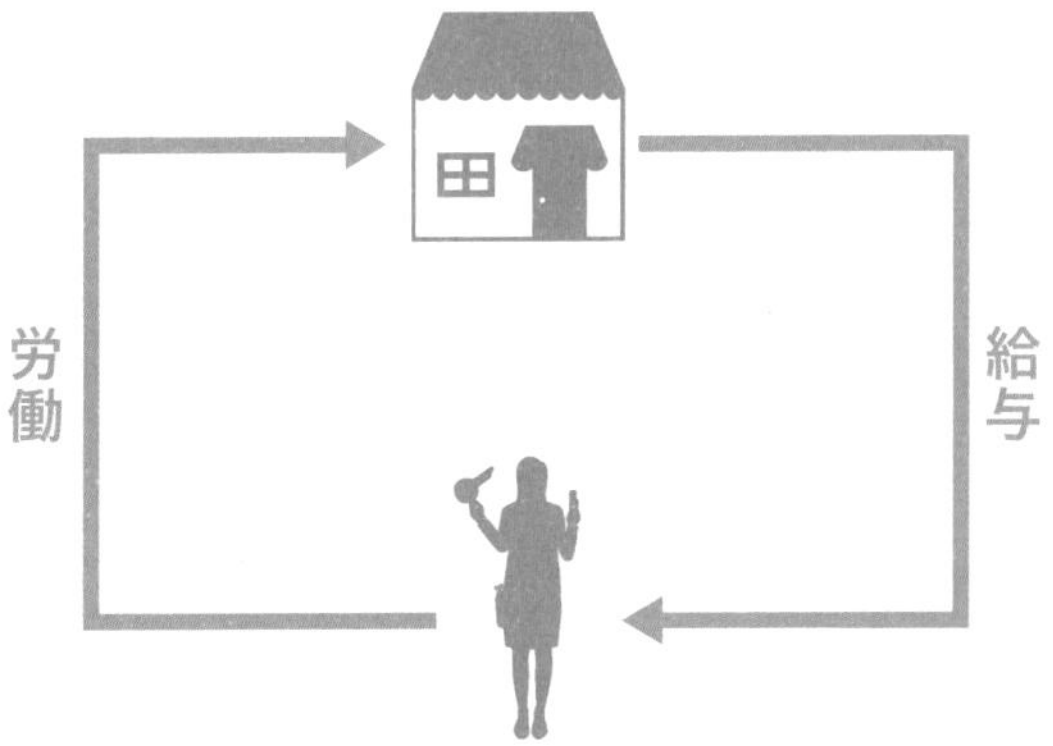

ヘアスタイリストは労働の対価として給与をもらう
雇用契約のなかで指示命令を受ける

業務委託のイメージ

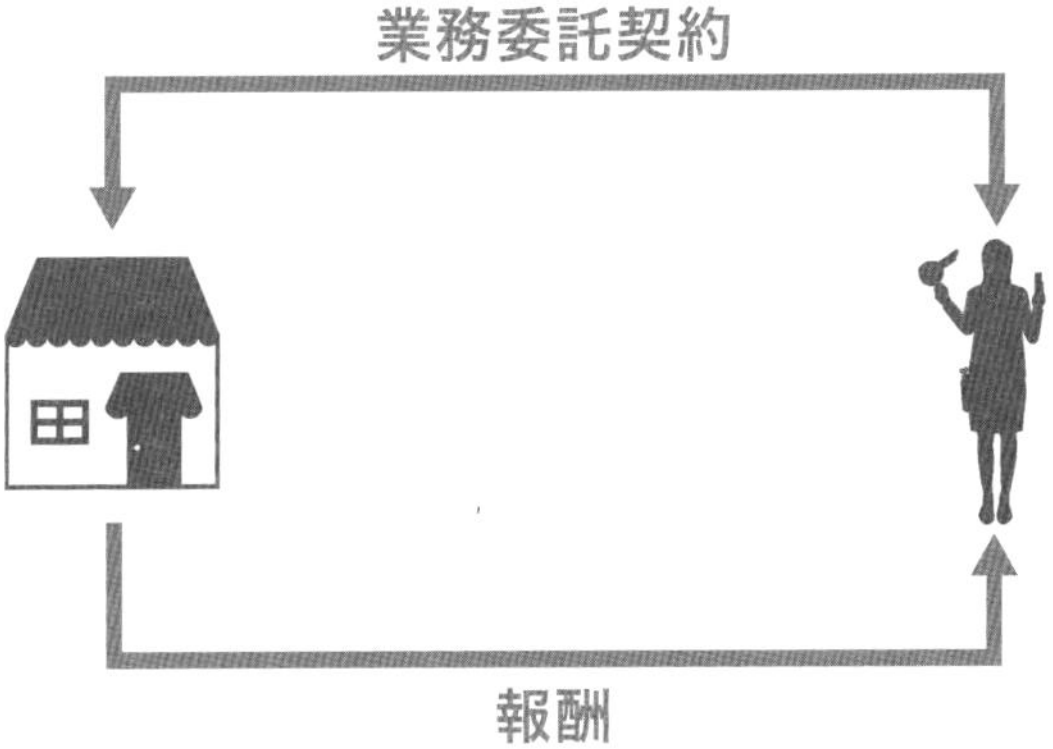

ヘアスタイリストは外注費として報酬をもらう
サロンとの立場は対等

業務委託サロン〝誕生秘話〟

私はまだ業務委託サロンが一般的ではなかった15年前から、雇用のスタイルをシフトチェンジし、名古屋の美容室のなかで最も早く業務委託サロンをスタートさせました。それがフランチャイズ店「コムズグループ」創立の始まりです。もともとは、雇用型のサロンを経営しておりましたが、オープンして1年後に問題が起こったのが、業務委託に移行するきっかけでした。

そのサロンの店長は真面目で、社長の思いを達成するための努力を惜しまず、頑張っていました。しかし、ヘアスタイリストたちは明確な目標を持たず、ただラクをしてその日の仕事をこなし、給料がもらえればいいという働き方でした。店長が注意しても、改善できず、サロンの空気はとてもひどいものになっていったのです。

その結果、店長も「辞めたい」と言い出してしまい、私は「人一倍頑張っている店長がそう言うサロンに未来はない」と痛感しました。

そこで、翌日ヘアスタイリストたち全員に辞めてもらい、閉店。一からサロンづくりを考え直しました。そのときに、どういった美容師を集めたいのかを考え抜いた結果、「美意識が高く、働く意欲のあるヘアスタイリストを集めたい」という思いだけが残りました。

理想の美容師を集めるために、通常月給が23万円程度のところを、業務委託という形態に変え、最低でも30万円の報酬にすると決めたのがスタートでした。

当時、業務委託サロンはほとんどなかったので、私もヘアスタイリストたちも戸惑いと不安がありました。しかし、頑張り次第で豊かさが手に入り、将来も見えてくる働き方があれば、絶対ヘアスタイリストは辞めない。そして大勢のヘアスタイリストが集まってくるはずだと確信していました。

その確信は当たり、集まったヘアスタイリストは皆優秀で、今は全員がフランチャイズのオーナーとして活躍中です。業務委託者の中からオーナーになるケースも普通にあるということです。現在、私のサロンはすべて業務委託サロンですが、発足15年で全国に１１１店舗、ヘアスタイリスト７００人、年商70億円にまで成長することができました。ヘアスタイリストの年収も１０００万円を超える人が多数現れ、なかには１５００万円に手が届くヘアスタイリストも在籍しています。

ヘアスタイリストの最高年収は１４２４万円！

コムズグループは、直営が8店舗あるのですが、最高年収は１４２４万円、平均年収は７８０万円です。ある男性ヘアスタイリストの例を紹介しましょう。30歳でお子さんがまだ小さいヘアスタイリストは、以前は給料が少ないため朝はアルバイトし、その後サロンで働き、サロンの休みの日は業務委託で働くという、トリプルワークをしていました。それでも月に30万円ほどにしかならなかったそうですが、私のサロンで働くようになって月に70万円ほど稼げるようになっています。フランチャイズのオーナーですと、40歳で6店舗経営、年商5億円という人もいます。彼は私の店に2年ほど在籍して、すぐに独立しました。技術も接客もすばらしく、努力を惜しまない人物なので、成功したのでしょう。今から12年前の当初私たちのサロンは、インターネットやＳＮＳ等での集客に弱かったのですが、彼はフル活用することで半年にして集客率1位となりました。そこから周りのヘアスタイリストもインターネットやＳＮＳ等での集客方法を学び始めたのです。そして全体的に店の売り上げが上がり始めました。彼は現在、コムズグループが昨年設立した「ＣＯＭＳビジネスアカデミー」のテクニカル部門の校長でもあります。

直営店8店舗65人の年収分布は

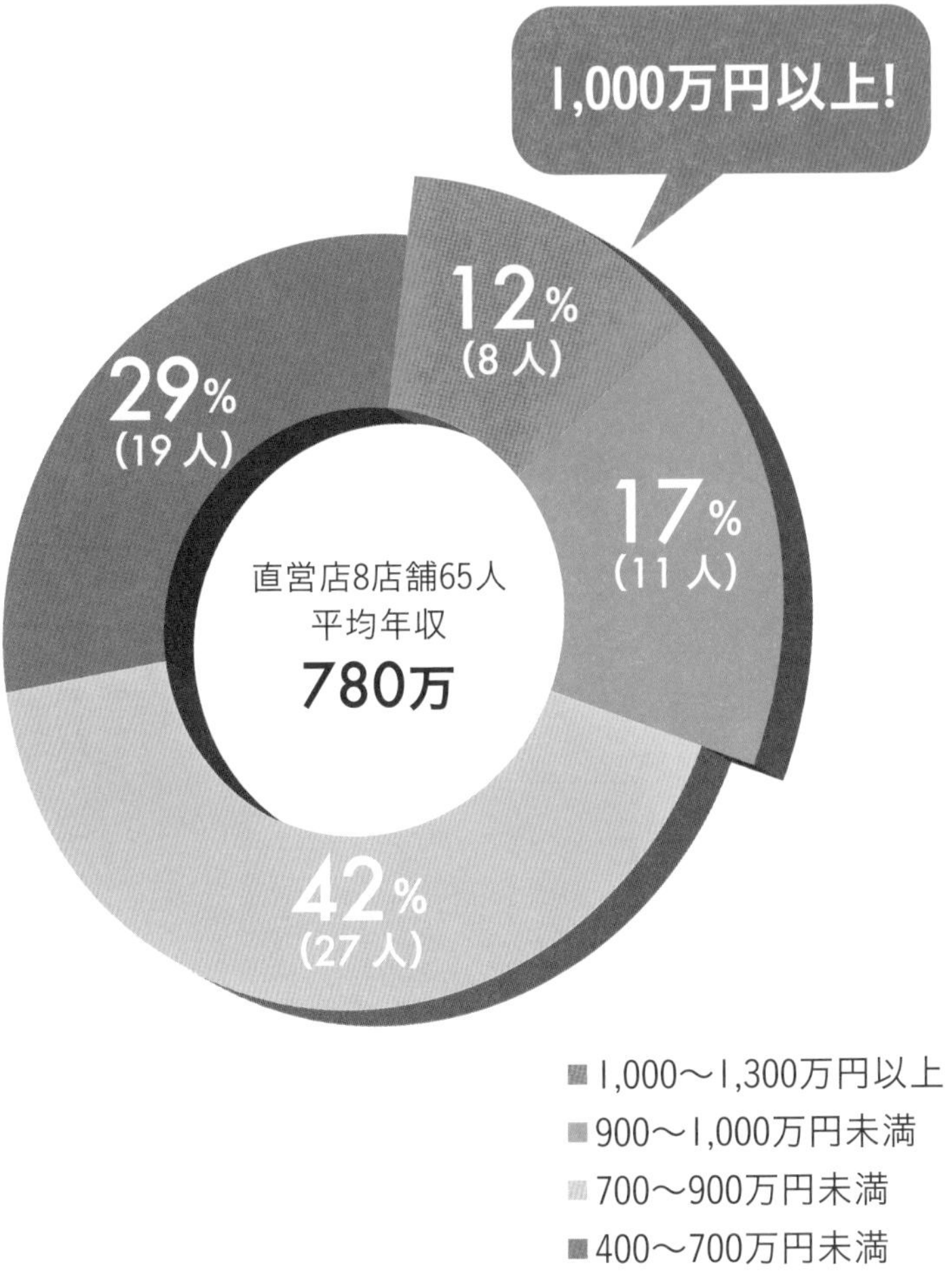

自分の理想の働き方を実現できる

現在、業務委託サロンが増えていますが、コムズグループでは独自の制度があります。

本来、業務委託はフリーランスなので、お客様がいない時間は何をやっても構わないというサロンも多いです。

例えば、登録制の業務委託サロンの場合、お客様がいなければ、仕事を切り上げて帰宅しても、どこかにお茶をしにいってもいいのです。

しかし、コムズグループのサロンは、決められた時間内は就業してもらうことにしています。

自由気ままに働いてもらうというよりは、業務委託のヘアスタイリストが集まって、店を作っていくということも重視しており、その点は面接の際にしっかりと説明をしています。

集客ができるサロンで働くことができれば、フリーのお客様が来るので、その分、安定した収入にもつながります。

また就業体制としては、残業はなく週休2日制、連休を取って海外旅行に行くことも可能なので、プライベートも充実させることができます。

コムズグループはなぜ年収1,000万円のヘアスタイリストにこだわるのか

契約違反するとクビになる

コムズグループは業務委託ヘアスタイリストのみで、アシスタントを使わないので、アシスタント分の料金をヘアスタイリストにのせることが可能です。しかしマンツーマンですので数はこなせません。コムズグループでは行っていませんが、アシスタントも業務委託で雇い、スパ、トリートメント、カラーを任せ、売り上げを上げさせるという手もあるでしょう。

また、正社員と業務委託が混在するサロンの場合、働きにくいところもあるので、注意が必要です。シャンプーやカラーリング剤などは個人で仕入れてもらいますが、会社を通して安く購入できます。ほかのサロンでは、会社が仕入れて分け与える場合もありますが、ラクな分、歩合が少なくなります。そして、コムズグループでは禁止していますが、業務委託で二つのサロンを掛け持ちすることも可能です。業務委託の解消事由は、各サロンの規定に書かれているでしょうが、コムズグループでは、売上げ・指名が増えない、異性関係や金銭関係のトラブルがある、サロンの空気・周囲と合わせられない場合などは、解消の検討事由となります。

契約書で明らかにしておくべきポイント

業務内容	依頼する業務の内容を具体的に。掃除やミーティングへの参加などもここで明記する
対価	新規客/既存客ごとの報酬の算定基準を明記する。アシスタントを使った場合のヘルプ費用も
材料や設備	共有スペースの使い方も規定しておく。掃除や床掃きの根拠にもなる
契約の更新	契約終了時に自動更新するならその旨明記する
トラブル時の対応	何かトラブルが起こった際にはヘアスタイリストが責任をとることを明記する
禁止事項	材料の使い過ぎや個人情報漏洩など、契約を即解除される事由を明らかにする

業務委託の報酬と税金の仕組み

雇用型サロンで正社員として働いていれば、基本的に確定申告の必要はなく、年金や健康保険などが給料から天引きされる仕組みです。

一方、業務委託はフリーランスなので、自身で国民年金、国民健康保険に加入して支払います。また税金は、所得税、個人事業税、住民税、消費税（売上げ1000万円以下は免除）を支払い、確定申告を行う必要があります。

確定申告をするためには、経費と売上げを帳簿につけなければいけないので、経費を証明するための領収書をもらうことが日常になります。

サロンからは売上げの歩合に応じた報酬が支払われます。サロンの業務委託費は消費税込みが多いです。

また、開業日から一カ月以内に開業届を提出します。提出先は住んでいるところか、事務所を置く地域の税務署です。

正社員と業務委託の税金の仕組みとは

	正社員	業務委託(自営業)
健康保険	所属する会社や団体の健康保険	国民健康保険
失業した場合(雇用保険)	失業時に一定の収入は確保されるが、毎月の給与から保険料が天引きされる	なし
仕事上のけが(労災保険)	業務上または通勤災害による傷病、死亡などの際に保険金が給付される	なし
税金	給料から源泉徴収される。年末調整	確定申告を行う。自己申告
課税対象	給与所得	主に事業所得
収入	安定した収入を得られるが、働きや実績の割に収入が得られないなど、理不尽な場合も多い	収入がゼロの場合も考えられるが、自身の働きに応じて、限りないチャンスと夢がある

所得税の計算の仕方

・課税所得金額に収入に応じた税率をかけたものが所得税として納める金額

課税所得金額　＝　収入　－　必要経費　－　各種控除

収　　入　⇒　売上げ
必要経費　⇒　売上原価、水道光熱費、地代家賃、通信費、材料費など
各種控除　⇒　基礎控除、生命保険料控除、医療費控除、社会保険料控除など

※節税の基本は経費を増やすこと

確定申告での「青色申告」と「白色申告」の違いは

	青色申告	白色申告
帳簿	複式簿記もしくは単式簿記	単式簿記
事前提出	必要	不要
確定申告の書類	所得税青色申告決算書 確定申告書B	収支内訳書 確定申告書B
税金	節税のための5つの特典がある	税務署の判断で推計課税がある場合も
メリット	●青色申告特別控除最大65万円 ●赤字を3年間繰越できる ●貸倒引当金を利用できる ●減価償却を1年で300万円まで一括計上(30万円未満の固定資産) ●家族従業員の給与を経費にできる	●事前に届出をする必要がない ●帳簿付けが簡単(単式簿記) ●確定申告時の提出書類が少ない
デメリット	●事前に申告が必要 ●複式簿記の場合、帳簿付けが面倒 ●提出書類が白色申告と比較して多い	●青色申告のような優遇特典がない

収入の内訳は

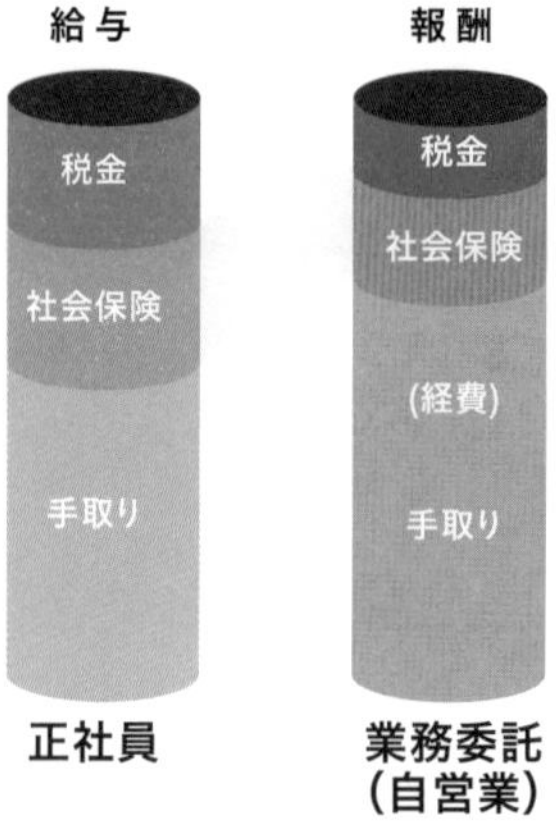

正社員と業務委託の税金・社会保険料の違いは

●消費税が違う

※数字はイメージ

	給与の場合		業務委託の場合	
		うち消費税		うち消費税
売上高	110,000円	10,000円	110,000円	10,000円
仕入れ、家賃など	55,000円	5,000円	55,000円	5,000円
給与	40,000円	0円	0円	0円
業務委託費	0円	0円	40,000円	3,636円
消費税納付額	5,000円		1,364円	
利益	10,000円		13,636円	
消費税計算	10,000−5,000＝5,000円		10,000−（5,000+3,636）＝1,364円	
損益計算(税込)	110,000−（55,000+40,000+5,000）＝10,000円		110,000−（55,000+40,000+1,364）＝13,636円	

消費税とは「売上げにかかる消費税から仕入れにかかる消費税を控除した額を納める税金」。給与は消費税の対象にならない。しかし業務委託費は対象となり、結果的に消費税額が減額になる。また、業務委託費は消費税込にするサロンが多く、損益計算上は利益を生みやすい。

●社会保険料が違う

※数字はイメージ

	社保未加入	社保加入	業務委託
売上高	100	100	100
材料費	8	8	8
給与	50	50	0
法定福利費	0	7	0
業務委託費	−	−	50
家賃、水道光熱費	30	30	30
その他	5	5	5
利益	7	0	7

会社にとって人件費とは給与、法定福利費(社会保険料の会社負担分)、福利厚生費、通勤交通費などを指す。この人件費は売上げのなかから支払う。つまり、スタッフ一人当たりの売上高が多くなければ社会保険料が業績に影響を与える。

●35歳、独身、月収35万円の年間税額比較

※数字はイメージ

正社員/給与		業務委託/報酬	
所得税及び復興特別所得税	91,300円	所得税及び復興特別所得税	132,400円
住民税	189,200円	住民税	237,400円
個人事業税	0円	個人事業税(翌年経費)	44,000円
【正社】社会保険料	609,336円	【委託】社会保険料	437,880円
健康保険	(214,056円)	美容国保	(240,000円)
厚生年金	(395,280円)	国民年金	(197,880円)
消費税及び地方消費税	0円	消費税及び地方消費税	0円
年間税額・社会保険料	889,836円	年間税額・社会保険料	851,680円

業務委託サロンでは、美容師が進んで勉強する

業務委託サロンの場合、頑張った分だけ自分の収入が増えます。売り上げに対して給料が直結するので、みんな自ら進んで勉強します。同じサロンのヘアスタイリストのレベルが高く、触発されて勉強する人も多いでしょう。顧客管理、時間管理、どうすれば集客率が上がるのか、財務といったことも学ばないといけないので、経営者に近い目線も同時に身に付けることができます。

現在、コムズグループは経験者の採用のみですが、技術面だけでなく、SNSでお客様を呼ぶ力のあるヘアスタイリストも求められます。インスタグラムのフォロワー数も評価につながる時代です。

技術面では、あらゆる施術をまんべんなく行っているサロンと、カラーなど一つの分野に特化したサロンとがあります。特化したサロンでスペシャリストとして働き、高待遇を狙うこともできます。15年前に業務委託サロンを始めたときは、ほかの経営者からは良く思われませんでしたが、今では業務委託が主流になってきており、経営者から「業務委託の形態について教えてほしい」との依頼がくるようになりました。時代が追い付いてきたのです。

コムズグループでは

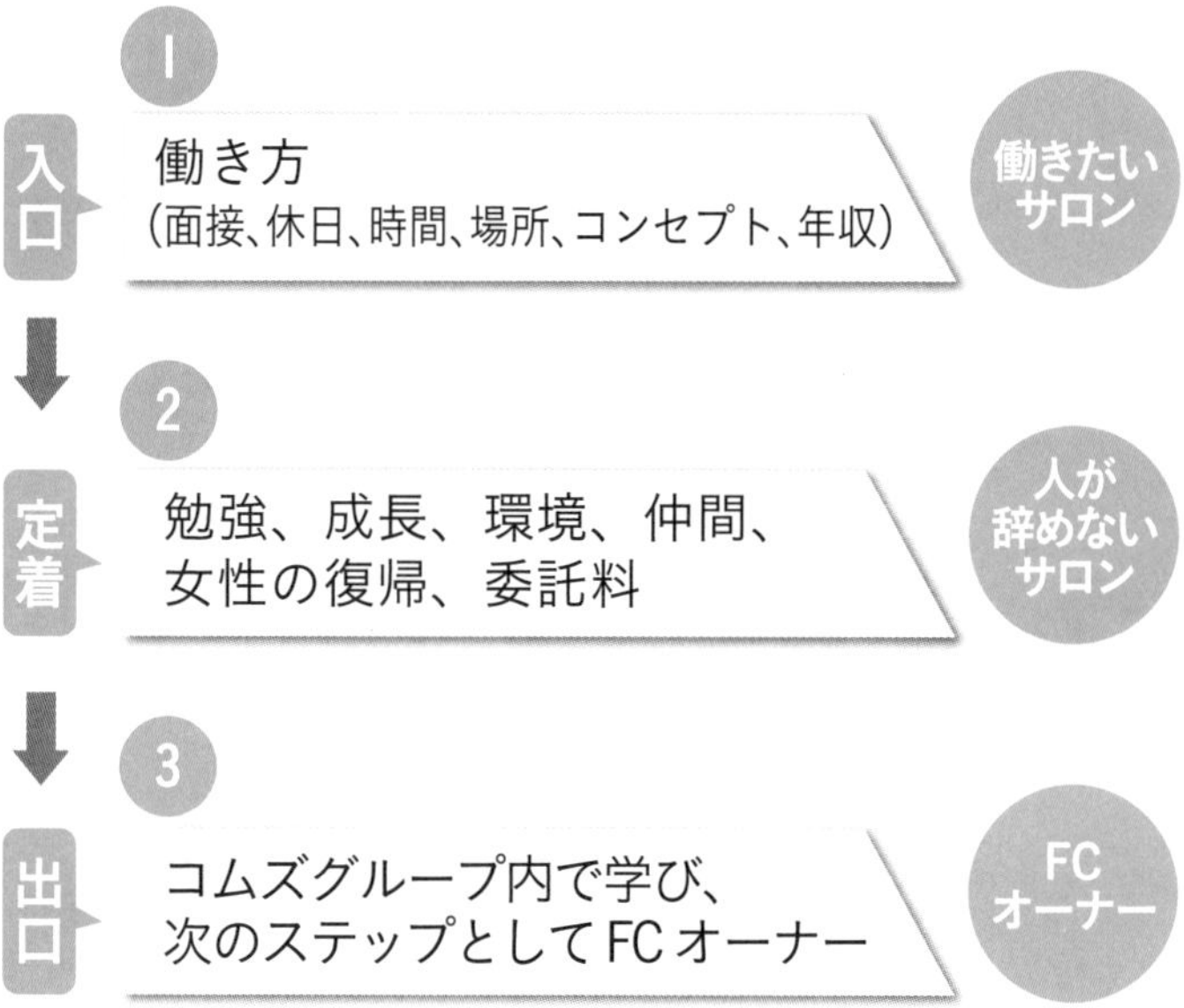
1
入口
働き方
（面接、休日、時間、場所、コンセプト、年収）
働きたいサロン
2
定着
勉強、成長、環境、仲間、
女性の復帰、委託料
人が辞めないサロン
3
出口
コムズグループ内で学び、
次のステップとしてFCオーナー
FCオーナー

業務委託サロンのメリット

1 還元率の高い歩合給で稼げる

頑張れば頑張るだけ収入が増える。集客が見込めるサロンで指名が増えると高収入になり、年収1,000万円も夢ではなくなる。

2 マンツーマンで接客できる

アシスタントがいないため、シャンプーからスタイリングまですべて一人で行うことで、お客様との関係性が構築でき、満足度の向上や指名につながりやすい。

3 サロンが集客してくれる

サロンの集客によって、自分でお客様を開拓しなくてもいい。

業務委託サロンのデメリット

1 売上管理を自分で行う必要がある

売上げや材料費などの計算を自分で管理し、事務作業も自分で行う必要がある。確定申告も自分で行う。

2 一定の売上げを上げないと契約を解除されることもある

正社員と違って会社に守られているわけではなく、個人としてシビアな評価が下されるので、規定の売上げに達しない場合には契約を解除されることもある。

3 収入が不安定

歩合給のため、月によって収入にばらつきがある。正社員ではないので、体調不良などで仕事ができなかった場合は、まったく収入が入ってこない。

業務委託サロン　月収例

・技術売上げの50～65％バックの場合
（指名料含む／売上金額により、歩合率は変動する）

技術売上げ	**220万円**	➡	**月収**	**143万円**
技術売上げ	**150万円**	➡	**月収**	**90万円**
技術売上げ	**120万円**	➡	**月収**	**72万円**
技術売上げ	**65万円**	➡	**月収**	**35万円**

業務委託サロン
1日のスケジュール

9:30	入店	・その日の予約、お店のキャンペーンやクーポン内容などを確認 ・朝礼
10:00	開店	・カット、カラー、パーマ、スタイリングなどの施術 ・1日の接客人数は6～7人前後 ・忙しい日はランチが取れないこともある ・空いている時間があれば集客活動 ・メールやはがきを送ったり、キャンペーンを考えたりする
21:00	閉店	・売上管理、事務作業 ・翌日の準備
21:30	退店	

美容師免許を活かせる副業

モデルのヘアスタイル撮影の写真の販売	撮影が得意な人は、モデルを使ったヘアスタイルの撮影を行い、それをメーカーや美容師に販売することができます。
ヘアメイク	ブライダルやイベントなどへのヘアメイクを担当することもできます。
ブロガー	文章が得意な人は、ブログでヘアの悩み解決法など美容記事を書き、フォロワーが増えると広告収入につながることもあります。
Youtuber	ヘアスタイルの作り方や、ドライヤー、アイロンの使い方などを動画投稿し、商品の宣伝をして広告収入を得ることもできます。

PART 3

年収1000万稼ぐ!
お金、趣味、やりがい……
すべてを手に入れた
“パワー”
ヘアスタイリスト
たち

「URBAN.」代表
有竹 巧 33歳
年収1,300万円
(ヘアスタイリスト時代)

店長として経営を学び、独立。フランチャイズのオーナーに

profile

2007 年　美容専門学校卒業後、大阪の有名サロンに就職。

2008 年　名古屋の老舗サロンに転職。アシスタントとして修業後、
ヘアスタイリストに。

2014 年　コムズグループに就職。サロン「e-style」を経て、
「By Eight」でヘアスタイリストとして勤務。

2016 年　「By Eight」の店長になる。

2019 年　フランチャイズのオーナーとして独立。「URBAN.」代表に。

得意なイメージ

カジュアル・ストリート。

得意な技術

ハイライト、グラデーション、バレイヤージュなどの外国人風カラー。
ハイトーンからロートーンまで圧倒的カラー技術。

趣味・マイブーム

サッカー、自転車、旅行、マンガ、アニメ、ファッション。

Q1 業務委託契約を選んだ理由は？

A 自分の実力を報酬で評価してもらえるところに惹かれました

最初は大阪の有名サロンでアシスタントとして働いていました。しかし、厳しいサロンで、シャンプーやカラーのテストに合格しないとすぐにクビになり、仲間がどんどんいなくなるという状況でした。サロンのやり方に疑問を感じ、1年で辞め、名古屋の老舗サロンに転職したんです。

6年ほど勤務しましたが、お世話になっていた先輩がコムズグループに移り、「頑張ったら頑張っただけしっかり形として評価してくれる」と教えてもらいました。

正社員ではなく、業務委託という契約でしたが、サロンで集客してもらえること、新規のお客様を担当できることに安心しました。

そして、自分の実力を試してみたいという気持ちもあり、コムズグループのサロンで働くことにしたのです。

コムズグループには正社員はおらず、業務委託でも店長として働くことができます。そうした経験でマネジメントを学ぶことができ、独立への足掛かりにもなるのが良かったです。

コムズグループでは、年に一度、売上げ上位の者が表彰されるコンテストがあります。僕は７００人のうち、２０１７年に2位、２０１８年に1位を取ることができました。

そのときの売上げは１カ月で３３２万円でした。個人の売上げで結果を残すことができましたが、決して自分の力だけではなく、周りのヘアスタイリストがいて、お店を一緒に作り上げてきた成果でした。

このコンテストで1位になったことで自信もつき、独立を決意しました。

現在は、フランチャイズのオーナーとして、「ＵＲＢＡＮ．」の代表をしています。当店で働くヘアスタイリストも業務委託で、今後、１０００万円プレイヤーを出していきたいと考えています。

僕は業務委託サロンに移ったことで、美容師として働く楽しさ、やりがいを感じることができたので、ほかの美容師にも自分と同じような経験をさせてあげたいと思っています。

Q2 業務委託で働いて良かった点は？

A 収入が2倍以上になり、年に1度は海外旅行に行けます

僕は27歳のとき、コムズグループで働き始めてから3年目に年収が1000万円を超えました。これは前職の正社員で働いていたときの2倍以上の年収でした。

おかげで安心して家庭を持つこともできました。正社員で働いていたら、お金も時間もなく、結婚しようという気持ちになれなかったかもしれません。今は、家族が、モチベーションアップにつながっています。

また、閑散期には1週間休暇を取って、家族とハワイ旅行に行っています。以前は、休日もカットモデルのハントに出かけるなどしていて休みがなかったので、まとまった休暇を取ってリフレッシュできるのもうれしい限りです。

コムズグループでは、アシスタントをつけず、お客様にマンツーマンのスタイルですので、一人ひとりにカット、カラー、パーマ、シャンプーまで自分で施術でき、お客様と共有したスタイルを完璧に作っていけます。

お客様とより親密になれて、ＷＥＢサイトの口コミやメールではなく手書きのお手紙をいただいたこともあり、本当にうれしかったです。

また、ヘアスタイリスト同士がライバルであり仲間なので、日々刺激し合ってヘアスタイリストとしても人間としても成長できます。

田中社長をはじめ、本部の方のマネジメントを近くで見ることができたのも勉強になりました。

独立を応援し、経営を学ばせてくれる社風に感謝しています。

自分がどういうサロンを選んで働くのかが人生を左右します。田中社長やすばらしい仲間に出会えたことは自分の財産です。

Q3 成功するヘアスタイリストになるための秘訣は？

A お客様が求めているものを理解し、感動を与えられることです

僕はお客様を楽しませることが大好きなので、この仕事は天職だと思っています。

ヘアスタイリストとして一定の技術があるのは当たり前なので、技術以外の部分でどう自分のファンを作っていけるかが大事です。

そのためには、お客様が本当に求めていることを理解し、美しく変身していただくことで感動を与え、リピーターになってもらうことを意識しています。

例えば、「ボブにしたい」と言われても、ボブにもいろいろあります。クールなのかフェミニンなのか、長さは短めか長めか、それをお客様の雰囲気で瞬時に察し、「こういうボブですよね」

と提案できれば、お客様は「この美容師は分かってくれる！」と感じ、距離がぐっと縮まります。

お客様が入ってきた瞬間に好みのテイストを判断して、寄り添うことができれば、指名は増えていくでしょう。

また、お客様が「前回と同じようなスタイルで」と言っても、少しだけ変化をつけて、より美しいスタイルにすると、とても喜ばれます。

年輩のお客様は、若いヘアスタイリストでも居心地が悪くならないよう、より丁寧に接することも心がけています。

雑誌をこまめにチェックして、ヘアスタイルだけでなく、流行を知ることも、お客様との会話をスムーズにするのに役立ちます。

成功するヘアスタイリストというと、一匹狼のようなイメージを持つ人もいるかもしれませんが、一人オーナーサロンでもない限り、みんなが力を合わせて成功するという気持ちが大事です。

Q4 今後、目指すところは？

A スタッフの力を引き上げ、幸せに働いてもらうことです

今はスタッフによりよい環境を作ってあげることを意識しています。スタッフが意見を出し合い、それぞれの強みを活かしながらお店のブランド力を高めていくのが理想です。

大切なのは1番がお客様、２番がスタッフ、３番が自分という位置づけです。

スタッフの成長のために、役職を経験してもらったり、売上げコンテストで表彰台を目指すことも応援していきたいです。

みんな周りに助けてもらって生きていることを忘れず、人間力を磨いていくことが、周りを幸せにし、自分も幸せになる道であり、お客様もついていてくれるのだと思っています。

今後は、１００人のスタッフを雇い、１００人に自分と同じ経験をしてもらって、幸せな美容師人生を歩んでいってもらうのが目標です。

HAIRLOGY AVEDA名駅
ディレクター

早川めぐみ 37歳

年収1,400万円

美容の仕事が大好き。売上げトップを毎月キープ!

profile

2004年　美容専門学校卒業後、大阪の有名サロンへ就職。アシスタントを3年、ヘアスタイリストを7年経験。

2014年　出身地の名古屋へ戻り、コムズグループと業務委託契約。「HAIRLOGY AVEDA 名駅」でヘアスタイリストとして勤務。

2017年　ディレクターに昇格。

得意なイメージ

ナチュラル。

得意な技術

高い技術力の必要なショートやボブ。骨格に合わせた再現性の高いカット技術。明確で分かりやすいカウンセリング、スタイルデッサン。

趣味・マイブーム

メイク、食、ジム、健康、美容、グルメ、料理、自転車で散歩。食べることが大好き。

Q1 業務委託契約を選んだ理由は？

A お給料が上がらず、古風な社風の前職に疑問を感じました

私は大阪の有名サロンで10年間、働いていました。厳しいサロンでしたが、接客や技術をしっかり叩き込んでもらい、ヘアスタイリストとしてお客様もついていました。

しかし、経験を積んでもお給料が上がらないこと、古風な社風でＳＮＳでの集客が禁止といった点に疑問を感じるようになりました。

とはいえ、給料が安くて貯金ができず、独立資金はありません。地元の名古屋に戻りたいと思っていたこともあり、名古屋で働けるサロンを探すことにしたのです。

30歳を過ぎ、正社員として雇われるのもなんだか違う……と思っていたときに、業務委託という働き方に興味を持ちました。

ただ、当初の私が持っていた業務委託のイメージは、店内が汚かったり、立ち振舞いが悪いという印象でした。

20件ほど問い合わせをして、コムズグループを見学したのですが、明るい雰囲気ときれいに清掃された店内やお客様の質を見て、イメージが一気に変わりました。

そして待遇をうかがうと、条件が良すぎて「ちょっと怪しい」と思ったくらいです（笑）。

でも、これだけ環境が良く、客単価も高く設定できる職場はないと思い、契約を決めました。

週休2日制で長期休暇も取得でき、自分の時間が作れるというのも魅力的でした。

お客様にマンツーマンで対応できるのも、じっくり向き合って仕事ができるので、うれしかったです。

ヘアスタイリスト向けの講習も充実していて、成長できる環境であることも安心できました。

前職では禁止されていたＳＮＳを使って自分のスタイルを自由に発信できることも楽しみでした。

Q2 業務委託で働いて良かった点は？

A さまざまなキャリアのメンバーから刺激を受けて学べます

いろいろなサロンで経験を積んできたヘアスタイリストが集まっているので、カットの切り方も違いますし、「そんな方法があるんだ」と勉強になります。

上下関係はなく、得意分野もさまざまで、勉強したい人には最適な環境と言えるでしょう。「教えなければいけない」ということはないですが、「知りたいから聞く」ということができる理想的な環境です。

キャリアの長いヘアスタイリストと一緒に働くことで、自分に何が足りないか弱みに気づくことができますので、さらなる成長が望めます。

前職では後輩に教えるための時間が多く、他社の講習には出られないという制約がありました。

今は自分の時間が増え、撮影やほかのサロンの講習など、得たいものを自由に得られる環境に満足しています。

給料は最初の２カ月は月25万円が保証されます。３カ月目には私は月50万円になり、２倍になったことに驚きました。

お店の売上げは毎月１～２位をキープしており、34歳のときに年収１０００万円を超えました。

金銭的に余裕ができたので、モデル撮影用の撮影機材などを買って、自己投資ができるようになりました。東京など遠方のセミナーにも参加しています。

ますます仕事が楽しくなり、新たな興味が湧く→自ら勉強する→結果が出る→さらに興味が湧くという、良いスパイラルで仕事ができるようになっています。

また、大阪で働いていたときのお客様が新幹線に乗って名古屋まで来てくださっています。アクセスがいい名古屋駅にサロンがあって良かったと思いました。

Q3 成功するヘアスタイリストになるための秘訣は?

A 指名が多いヘアスタイリストを見て、その理由を分析してきました

私は大阪で働いているとき、指名が多いヘアスタイリストは自分と何が違うのかチェックして、自分でも真似できる点は取り入れていました。

当然ですが、技術や接客が一定レベル以上で、カウンセリング力があるなどのプラスαを持っている方が強いです。

私自身は、説明が足りないヘアスタイリストが多いと感じており、お客様の希望を聞いて、スタイルについて細やかに説明することを心がけています。

紙にデッサンをしてイメージが合致しているか確認することも多いです。

ヘアスタイリストというのは、カウンセラー的な役目を果たすことも多いと感じており、カウンセリングの勉強をするのもおすすめです。

お客様の身の上話を聞く際には、特にアドバイスなどは不要です。お客様がリラックスして話ができて、元気になってスッキリした気持ちで帰っていただけるように、聞き上手な存在でありたいと思っています。また、私はこの仕事が大好きなので、毎日サロンに出社することも苦ではありません。

長く働きたいですし、指名のお客様の期待に応えたいので、健康には気をつけて、ジムにも通っています。

業務委託で働くには、2〜3年の美容師経験ではまだ対応ができないと思いますので、まずはサロンでしっかり基本を学ぶことが大事でしょう。

なりたい自分の像を持ち、それが叶えられるのか、何を得たいのかによって、働くサロンを選択することが成功への近道だと思います。

Q4 今後、目指すところは？

A 勉強を続け、お客様の期待に応えられる存在でいたい

私は今の働き方にとても満足しています。いずれは独立することも考えていますが、プレイヤーでいることが楽しいですし、ハサミを置いて経営者になることはないでしょう。

また、美容師としては、知識が豊富でいたいと思い、ヘアだけでなく、メイクも撮影も日々勉強しています。

施術させていただいているという謙虚な気持ちで、いろいろな角度から押しつけではない提案ができて、お客様に「早川さんならどうにかしてくれるだろう」という信頼感を持ってもらえる自分でありたいです。

売上げコンテストで表彰されることにはあまり興味がないのですが、毎月の売上げはコンスタントに２００万円を超えているので、この状態をキープしていきたいですね。

THE OSCAR 店長

柴田圭彦 37歳

年収1,200万円

32歳で
業務委託へ。
2019年の個人売上げ
1位を獲得

profile

2003年　美容学校を卒業後、名古屋のサロンに就職するが半年で退職。バイト生活を送る。

2004年　再びヘアスタイリストを目指し、サロンに転職。アシスタントを経て、ヘアスタイリストに。

2015年　サロンを退職し、コムズグループと業務委託契約。サロン「HAIRLOGY」に勤務。

2017年　「THE OSCAR」に移り、店長になる。

得意なイメージ

ナチュラル。

得意な技術

一人ひとりのお客様の骨格と髪質に合わせた、扱いやすく、再現性の高いカット。日本人特有の赤みを消しつつ、色落ちもきれいな透明感のあるカラー。世界的に認知度の高いヘッドスパメーカーの講師資格を取得。

趣味・マイブーム

カメラ撮影と、サッカーと、たまにギター。

Q1 業務委託契約を選んだ理由は？

A 独立という夢にむけてのキャリアプランが描きづらかったからです

僕は美容学校を卒業してから入ったサロンを半年で辞めています。

当時は社会をなめていて、上下関係の厳しさやアシスタントの仕事のキツさから逃げ出してしまいました。仕事への認識が甘かったんです。

ただ、同僚は先輩に「お前の服ダサいから、これに着替えろ」って、その場で着替えさせられて、自分の服はごみ箱に捨てられるといったこともあって。今の時代だと大問題になると思いますが、当時はそんなこともよくある話でした。

その後は、美容師とは関係のないバイトを半年間していましたが、「やっぱりもう一度、美容師としてやり直そう」と決意し、別のサロンに入社しました。

アシスタント時代の23歳のときに結婚し、ヘアスタイリストになって、そのサロンでは11年間、勤務しました。

でも、年齢を重ねるとともに、今後のキャリアプランを描けないことが不安になっていきました。子どもも大きくなってきて、35歳で独立したいと思っていましたが、現実的に難しかったのです。

そこで転職を考え、業務委託のほうが稼げると聞き、辞めて、コムズグループと契約したのは32歳のときです。「お金を貯めたい」という思いが強かったです。

働き始めて驚いたのは、みんな自分の〝ウリ〟を持っていて、うまいし、早いということでした。モデルの撮影も上手で、たちまち自分に自信がなくなりました。

けれど、上下関係のないフラットな人間関係で働きやすかったですし、みんなのいいところを真似て、切磋琢磨するようになりました。

そのうちに指名のお客様も増え、店長として店を任されるようになり、２０１９年は1カ月の個人売上が３３３万円を記録。コムズグループの全ヘアスタイリストのなかでＮＯ・１を獲得することができました。

Q2 業務委託で働いて良かった点は？

A 家族との時間を大事にしてくれて、休みが取りやすい

業務委託だからというよりもコムズグループだからという理由になりますが、休みがとりやすいため、家族との時間が増えたのがうれしかったです。

サロン勤務では、土日はなかなか休めないことが多いですが、子どもの運動会に参加できるよう調整してもらえ、父親参観にも行けます。

子どもが学校を終えたあと、一緒に出かけたり、旅行することもあります。

もちろん、自分の頑張り次第ですが、サービス業にいながら家族を優先に考えてくださるのも、コムズグループで働いていて良かった点です。

なかでもびっくりしたのは、僕が１週間ほど入院してしまったときに、田中社長と専務が遠く

までお見舞いに来てくださったことです。

業務委託で、正社員でもないのに気にかけてくださる姿勢に感激しました。こうした気遣いをいただけることも、仕事を頑張ろうというモチベーションにつながります。

最先端の撮影や技術講習も受講でき、スキルアップのためのサポートが整っているのもうれしい点です。

収入面では、働き始めてすぐに前職の2・5倍もの年収となり、店長になってからは1000万円を超えるようになりました。

コムズグループに入るまでは1カ月の売上げが300万円を超えるなんて想像もできなかったですし、収入が上がることで、自信がつき、心に余裕ができました。

前職のままだと美容師を辞めていたかもしれませんが、今は仕事に誇りを持っています。

充実した美容師人生を送れる環境は、なかなかないと思うので、田中社長に出会えたことをとても幸せに思います。

Q3 成功するヘアスタイリストになるための秘訣は？

A 限られた施術時間のなかで絶対喜んでもらえる提案をします

自分がどうなりたいのか、何年後にはどうなる、そのためにはどうするか、自分の夢と計画をしっかり立てることは大事だと思います。

それと、自分のスタイルは、自分の見たものや感じたものからじゃないと、つくれないと思うんです。音楽でも絵でも小説でも食事でもいいんですが、いいものを自分のなかに吸収してストックしておけば、デザインとして掘り起こしていけます。

いろいろなものを見て感じて、吸収することは無駄にはならないなと感じています。

接客では、僕はずっと話をしているタイプなんですが、声も小さくて、「癒し系」と言われることが多いです。

お客様がいらっしゃる前に、「今日はハイライトをおすすめするのがいいな」といった提案を事前に考えているのですが、カウンセリングをしていると、「すごく疲れてるな」という感じの方がいたり、「今日はダメージが気になる」といった会話があったりするので、お客様の今日の状態に合わせてメニューの提案を変えていきます。

カラーもパーマもトリートメントもすべて、来ていただいた時間のなかで決して雑な仕事をしないように、いつも同じテンションで、いつも変わらない接客で、だけど絶対に喜んで帰っていただけるようにという意識を持っています。

店長になってからは皆に「楽しく仕事をしよう」とずっと言い続けています。

プロとして数字は絶対出さないといけないのですが、殺伐とした空気じゃなくて、すれ違いざまにふざけた会話ができるなど、楽しい空気で働かないといい結果も出ないしつまらない。美容師としても認め合える関係性でありつつ、数字をちゃんと出して、楽しく目標を達成して、お疲れさまとみんなでお酒を飲む。そういう集団でいたいと思っています。

Q4 今後、目指すところは？

A 今が一番幸せと感じつつ、独立も視野に入れています

15年ぐらい美容師をやらせていただいて、お客様と一緒に年齢を重ねていけたら、それが一番幸せなのかなと思う部分もありつつ、独立も視野に入れています。

コムズグループに入って、売上げを300万円以上上げるとか、自分も想像したことのないような景色をたくさん見させてもらったのは田中社長のおかげなので、何かの形で恩返しできるようなことがあればとは思っています。それが独立することなのかもしれません。

今は昔以上に本当に美容の仕事が好きで、誇りを持てていて、心の余裕もあるので、楽しみながら、次のステップを模索していきます。

THE OSCAR ディレクター

Myongfwa ミョンファ **35歳**

年収1,300万円

予約が取れない絶対エース。ママになっても高収入

profile

2005年　美容専門学校を卒業後、名古屋の大型サロンに就職。アシスタントを経て、ヘアスタイリストとして勤務。

2011年　退職し、コムズグループと業務委託契約。サロン「CHAMPAGNE 桜通り店」、「Gallaria Elegante 名駅店」を経て、「THE OSCAR」へ。

2016年　「THE OSCAR」のディレクターに。

得意なイメージ

ナチュラル。

得意な技術

サロンでの仕上がりが自宅でも再現できるお手入れの楽なカット。一人ひとりの髪質、骨格、生え癖、ライフスタイルに合った一番似合うスタイルを提案。カット、すべての施術でダメージレスを徹底。

趣味・マイブーム

美肌・美白に関する美容グッズ、美的ファッション、海外旅行。

Q1 業務委託契約を選んだ理由は？

A 前職で結果を出し、次のステージへ進みたかったからです

前職は大型サロンで働いていましたが、アシスタント時代は、営業後に毎日練習で、終わるのは深夜の1時。休日は夕方まで寝てしまうという生活をしていました。

給料は固定給＋歩合制でしたが、どれだけ頑張っても、それほど給料がアップするような仕組みではなく、未来に希望を抱くことも難しい状態でした。

また、ヘアスタイリストになると、いつの間にかカットしかしなくなっていました。お客様は私を指名しているのに、カラーもブローもアシスタントの仕事だったからです。

もっと一人ひとりのお客様を大切にしたい。シャンプーから仕上げまで、すべて自分でやってあげたいと思うようになり、「1カ月の売上げが200万円を超えられたら辞めて、次のステー

ジに行こう」と目標を定めました。

その結果、１年３カ月で目標の２００万円を達成することができ、退職することになったのです。

次の職場をコムズグループに決めたのは、お客様とマンツーマンで接客できるスタイルだったからです。最初から最後まで接客ができると、お客様の情報（髪質やパーマのかかり具合など）を極めることができるので、信頼関係が築きやすいと思いました。

また、休みをしっかり取れるので、仕事とプライベートのバランスが取りやすいことも魅力でした。

業務委託で、自分の実力がそのまま収入に反映されるところにもやりがいを感じました。

コムズグループの場合は、全ヘアスタイリストが業務委託でも、お客様はお店のお客様だと思い、全員が会釈をし、ほかのヘアスタイリストとも話すという、面貸しと雇用型サロンの良いところ取りのような形態なのも安心できました。

未来ある美容師人生を送るために、業務委託サロンを選んで良かったと思っています。

Q2 業務委託で働いて良かった点は？

A 収入が4倍になり、オンとオフのメリハリがつきました

私はコムズグループに入って5年目で年収が1000万円を超えました。前職の4倍になり、自分にお金をかけることができるようになりました。

旅行、ファッション、グルメを楽しみ、自分を磨くことが、お客様へよりよい提案をできることにもつながっています。美意識の高いお客様にも物怖じせず接客することができるようになりました。

以前は休日は疲れて寝てばかりでしたが、今は20時半には帰宅でき、月に8日の休みを取ることができるので、体力的にもとてもラクになりました。

海[illegible]や東京に遊びに行くことも多く、オンとオフのメリハリをつけた生活ができています。

周りは皆、実力のあるヘアスタイリストばかりなので、日々、学び合うことも多いです。技術の向上のため、魅力的な講習がたくさん受けられるのもうれしいです。

私はサロンワークが好きで、お客様の希望のスタイルをその場で表現でき、喜んでもらえて、必要とされることに幸せを感じます。自分で管理しやすく、しっかりと信用を積むことのできる、今の業務委託のスタイルが自分には合っていると思います。

現在、私の指名料は２２００円です。指名料を出してまで私を予約してくださるお客様の期待に応えたいという気持ちが強いです。

コムズグループに入って、６００人の美容師から選ばれるコンテストで２０１４年度から最優秀グランプリを４年連続受賞したことも誇りに思っています。

プライベートでは、一昨年結婚し、現在妊娠中です。産休・育休を取って復帰予定ですが、時間の融通がきき、ママになっても働きやすい職場なのがうれしいです。

Q3 成功するヘアスタイリストになるための秘訣は？

A 丁寧なカウンセリングと営業努力を積み重ねてきました

私は特に初めてのお客様にはカウンセリングの時間を15分ほど取ります。お客様が何を一番大事にしているのか、どんなライフスタイルなのか、それを分かっていないと、満足していただくことはできません。

気になるところをうかがったときに、最初に話される点には特に注目しています。「トップにボリュームがない」「前髪をどうするか迷ってます」といった話を聞いて、今よりも絶対きれいになるヘアスタイルを作ります。

そして「次回はこんなふうにするのもかわいいですよ」と次の提案もすることで、リピーターになっていただきます。

また、お客様に対して、「前回と同じ服装で接客しない」というルールを自分で決めています。毎回同じ服を着ていると思われてしまうと、おしゃれな印象を持たれなくなるからです。

美容師は、ファッションセンスがないとお客様に信用してもらえません。私はインスタグラムで、ヘアスタイルはもちろん、自分のファッションも公開しています。

毎年、お客様に年賀状を書くのも欠かしません。腱鞘炎になりそうなくらいの数で大変ですが、営業努力はどれだけしても構わないと思います。

技術に関しても、常に進化している業界なので、今に満足せず、外部の講習を受けに行くなど勉強は継続しています。

おかげさまで私の予約は取りにくい状況で、20歳のアシスタント時代から来てくださっているお客様もいらっしゃいます。

ディレクターに昇格するのも異例の早さだったのですが、今の地位につけたのは、お客様に真摯に向き合う姿勢をいつも忘れていないからだと思います。

Q4 今後、目指すところは？

A ママになってどこまで売上げを伸ばせるか楽しみです

私はお客様をとても大事にしていますが、大幅な遅刻やドタキャンはほかのお客様の迷惑になるので、注意させていただきます。お客様と長く良い関係を築くためには、時にはお客様を教育することも必要で、それで離れてしまった場合は仕方ありません。

また、これから出産して産休・育休を取りますが、初めてのことなので、今後の目標は完全復帰してから定めたいと思っています。

時短勤務も可能ですし、これまでのお客様を長くお待たせしたくはないので、なるべく早く復帰したいと考えています。

ママになっても今の売上げをキープできるよう努力し、いくつになってもイキイキと働けることを伝えていきたいと思います。

コムズグループでは、ヘアスタイリストの目標をサポートする、
さまざまな講座を用意しています。

「COMSビジネスアカデミー」構想組織図

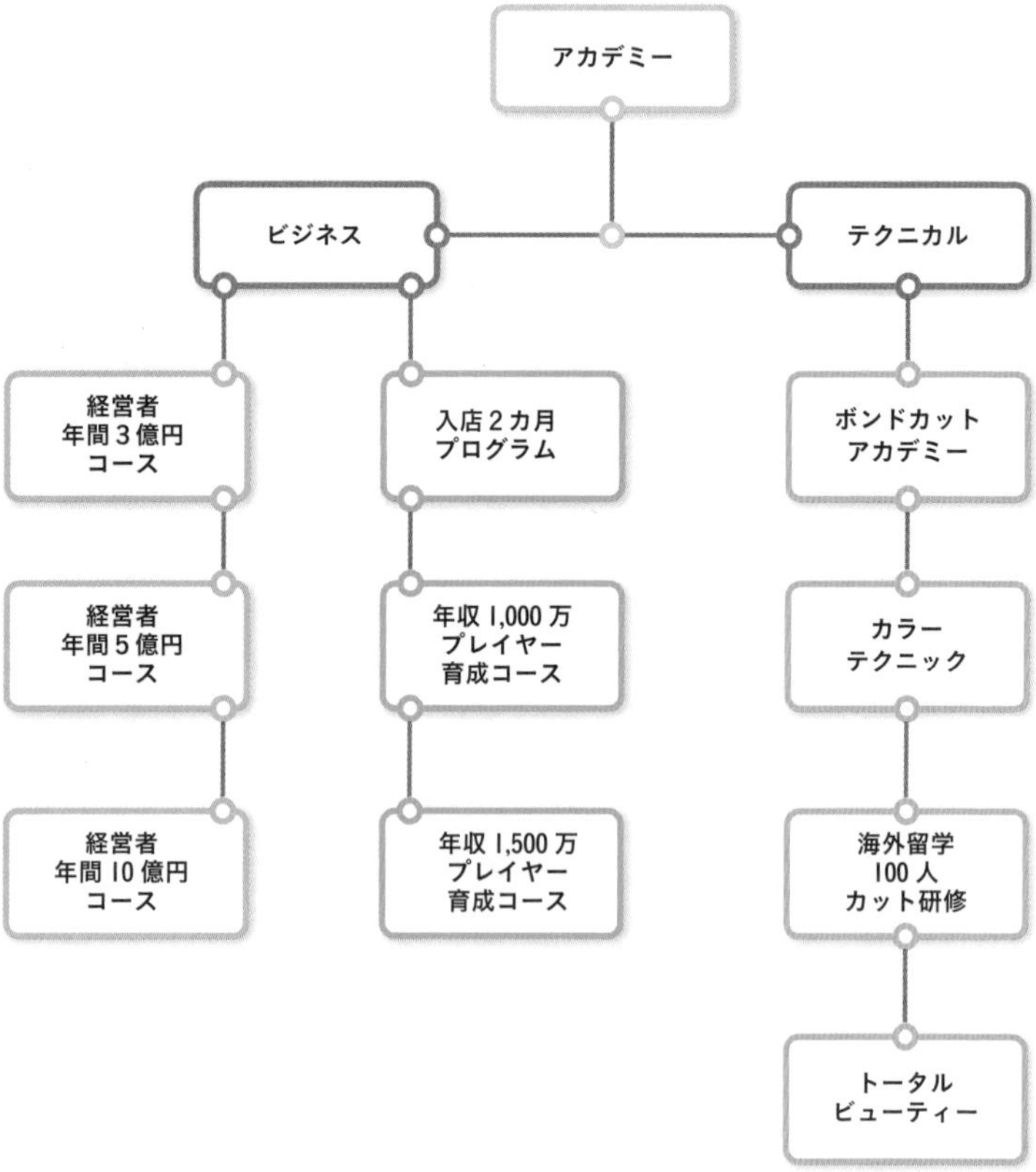

PART 4

生涯稼ぎ続ける！ヘアスタイリストの秘訣

業務委託だからこそ日々の勉強が必要

業務委託サロンには、他店の卒業生が働きにきます。出身サロンによって教育プログラムは異なりますので、さまざまな教育を受けた方がやってきます。

そのため、新人でなくとも講習会を受けて、共通のマインドを持ってもらう必要があります。

そこでコムズグループのサロンでは、「COMSビジネスアカデミー」を開講し、フランチャイズオーナー向けと、ヘアスタイリスト向けの講座を開いています。（詳細はP126参照）

「人気ヘアスタイリストへの道」という内容で、自身の価値を見つける、目標設定をする。自身のことを再発見させること、自身へ点数をつけること、そういったことも行います。

これまで月の売り上げが70万円程度のヘアスタイリストが、2〜3カ月で100万円になるための講習会も開きました。期限を決め、達成できるために必要なことをリストアップしていきます。

実際、100万円のヘアスタイリストが、3カ月で150万円稼げるヘアスタイリストになりました。

また技術以外に、店舗の美容師としての心構えを学び直してもらう必要もあります。

コムズグループには、さまざまなブランドコンセプトが存在しますので、その分、店舗ごとの独自の考えがあります。ここまでやらなければ、会社の意向と、ヘアスタイリスト個人の意向がマッチングしていかないのです。

このように技術・心構えともに教育をしっかりと行っていかなければヘアスタイリストは成長できません。経営者側も売上げを上げてもらわなければ困るのです。

そのため、教育後は3カ月や半年といった短い期間で結果を出してもらいます。ヘアスタイリスト自身も短期間で結果を出せると楽しいでしょう。結果が出たヘアスタイリストがいれば、ほかのヘアスタイリストも結果を出そうとして、必然的に競争になり、モチベーションがアップします。

コムズグループには、オーナーの方も勉強をしにいらっしゃいます。視野を広げるために海外研修も行いました。

〝日本一豊かな美容師〟を目指してほしい

私は50年近く、美容師の世界にいますが、その時々のトップといわれる美容師、美容室も生まれては消え、その繰り返しで現在に至っています。

そのなかで、売れる美容師として生き残っていくには、強靭な思いと、達成する行動力を持ち、実践し続けることが大事です。

私はいつの時代も、どんな業界も１００人いれば３人しか成功できないと考えています。

その３％に入っている人は、自分に欲しい「もの」「こと」をいつも考え、行動している人であり、それが体質・習慣となっている人です。

売れる美容師は、お客様の期待を自信と満足に変え、施術中の会話も楽しく共感でき、次回も予約してもらえ、お友達まで紹介してもらえます。

逆に売れない美容師は、与えられたお客様をただこなすだけの作業となり、お客様も自分も楽しくなく、ただ1日勤務するような状況です。

このＰＡＲＴでは、私が長い美容師の人生で見てきた、売れる美容師になって成功するための、心構え、技術、接客のポイントをお伝えします。

売上げをしっかり上げている美容師は、これらのポイントを当たり前のように実践しています。

本来は美容学校を卒業したあとに入った、美容師にとって初めて働くサロンで教わるべきことですが、サロンでは技術の向上については学べても、成功する美容師になるためのポイントはなかなか教えてもらえません。

私自身、常に日本一を目指していますが、それは店舗数でもヘアスタイリスト数でもなく、年商でもありません。目指しているのは働くヘアスタイリストの満足度を日本一にすることです。

美容師の皆さんがこれらを実践して、「日本で一番豊かな美容師生活を送る」ことを願っています。

5 本物を知り、本物に出逢い、上質を知れ

6 上下関係なく、相手を尊重し、敬う心で挨拶せよ

7 明確な目標と、自分にしかできない武器を持て

8 今ある環境のなかで一番を狙え

［ 心 構 え 編 ］

1 生涯現役か、オーナーか。
美容師としての
“ゴール”を決めろ

2 デザイン志向か
ケア志向か。
後悔しないサロンを選べ

3 「目指すライバル」を持て

4 常に流行を感じ取り、
スキルを磨き続けろ

1 生涯現役か、オーナーか。美容師としての〃ゴール〃を決めろ

早いうちから自分が将来、美容師としてどういう方向に進みたいのかを決めておくと、キャリアアップの道筋が立てやすくなります。

独立を目指すのであれば、経営の勉強などの準備が早い段階から行えるからです。

美容師になるのが20歳だとして、30歳で独立を考えたとするなら10年しか勉強する時間がありません。独立すると、以降は40年ほど経営に携わることになります。経営しなければいけない期間はとても長いのです。

どの業界でも成功する経営者は３％しかいないといわれています。経営が成り立たなくなると、廃業するか、どこか違うサロンで再度雇われて働くことになるでしょう。

そう考えると最初の10年がとても重要な期間だということはお分かりいただけるでしょう。

早くからゴールを決めておくことで準備も早く取り掛かれます。その準備期間によって、今後の自分が苦労するかどうかが大きく変わってくるのです。

また、最初に就職したサロンの経営者や先輩の影響も大きく、成功している美容師が身近にいれば、方向性が見えやすくなります。

なかには、勢いだけで独立する方もいます。もしくは歳を取り、今、働いているサロンに適さなくなって、致し方なく独立を選ぶというケースもあります。

しかし、一カ月の目標売上げ、メニュー、生産性すべてを計算し、計画したうえで結果を実際に出せなければ成功できません。

若手の美容師が、独立という単語を口にしたとき、自身の店を持つこと、いわゆる、自分の城を持つまでが独立であると考えてしまいがちです。

しかし、その先に経営をずっと続けていくことを、早いうちからイメージしてほしいのです。

2 デザイン志向かケア志向か。後悔しないサロンを選べ

昔は美容学校の先生の紹介などでサロンに入ることが多く、自分に合ったサロンを選ぶということができませんでした。

しかし、今はインターネットがあります。自分の目標の一歩となる理想のサロンを見つけ出し、研究することができます。実際に、自分がお客様としてサロンに行って体感してから面接を受けることがベストでしょう。

どういったサロンであるのかをチェックし、疑問に思うことを聞いてみるといいでしょう。

長く続いている人気サロンはコンセプトがしっかりしています。そのため、サロンに見合ったスキルが高いヘアスタイリストが集まっています。

サロンによっては、メニューの取り扱いがファミレス化しているところや、何かに特化したと

ころなどさまざまです。そのため、なんとなくサロンを選ぶのではなく、自分の目指している分野のサロンを見つける、見極めることが大事です。

また、上昇志向がある方は、有名サロンや東京のサロンを目指します。一方で、目標を持っていない人も多く、「ラクして楽しく働きたい」という考えの人もいます。

夢を抱いて東京のサロンで働いても、給料は安く、練習で夜中の1時、2時は当たり前で、先輩、後輩などの人間関係も大変。お客様のクレームにも疲れて、辞めていく方も多いです。大手や有名なところは厳しいと聞いて、最初から避けるケースも増えています。

もし、今のサロンに見切りをつけたら、早く別のサロンに移ることが将来のためです。次のステージを目指して頑張っている人は、サロンを転々とされる方が多いです。

また、サロンは大きく分けて、デザイン志向、ケア志向の二つの方向があります。例えば、どうしてもカットが苦手な方は、カットのない、ケアやスパ、カラーの方向に進むという道があります。

デザイン志向のサロンでは、最先端の技術を取り入れたカットやパーマのデザインにこだわりがあります。東京でも青山や原宿は比較的、デザイン志向のサロンが多いでしょう。

一方で、全国的にヘッドスパが浸透し、ケア志向のサロンも増えました。競争の激しいデザイン志向からケア志向のサロンへと方向転換するサロンもあります。

自分の得意分野を見極めながら進む方向を考えることで、サロンとのミスマッチを防ぐことができるでしょう。

3 「目指すライバル」を持て

ライバルは同じサロンで働く同僚ということもありますし、美容学校を卒業した同級生である場合もあります。

同じキャリアでも指名をたくさん持っている人など、自分の目指すライバルをしっかりと決めることで、より頑張れるでしょう。

業務委託サロンの場合、みんなが競い合って、ギスギスした雰囲気になっているところもあると聞きます。

しかし、コムズグループのサロンのヘアスタイリストは、それぞれ自分の強みがあり、自信があるので、お客様を奪い合うようなことはありません。

入ったばかりのヘアスタイリストは、みんなのスキルが高いことに驚き、「自分も頑張らなければ」と刺激を受けるケースも多いのです。

サロンによってカットや接客のスタイルが違うので、自分がこれまで教えられてきたこととは違うことを行っているヘアスタイリストを間近で見て、「こういう方法があったのか！」と新たな学びになるのです。

ライバルは、身近なところで具体的な目標を設けられる存在です。自身のサロンで目標にできる方がいなかった場合は、別のサロンの友人を目標にしてもいいでしょう。

また、上昇志向のある方は、メーカーやディーラーが主催する講習に進んで参加していきます。

そういった場所で新しい知り合いができ、目標とする美容師に出会うこともあるでしょう。

今の時代ですと、ＳＮＳの世界で目標とする人物に出会うこともあります。また世界を見ることができますので、外国の方を目標にする人も少なくはありません。

美容師の道具はハサミだけでなく、情報も大事な武器となります。そういった意味でも世界を見ることは大切なことです。

4 常に流行を感じ取り、スキルを磨き続けろ

私は若いころに東京やロンドンで修業をしましたが、今の若い人たちは海外で修業をするというケースはかなり少なくなっています。

私は次に流行ると思われるスタイルの技術を身に付けるために修業に行ったのですが、そこが明暗を分けるポイントだったように思います。

新しい技術を身に付けなかった先輩方は途中でリタイアしていかれ、私は今ここにいます。時代によって使用する道具が変わってきますので、それを学んでいたかどうかが非常に重要です。

成功するためには、スピード感を持って、意欲的に取り組むことが大事なのです。ヘアスタイリストデビューをすると安心して勉強しなくなる人もいます。ここも一つの成功する、しないの分岐点です。

成功する美容師は、お客様に求められる以上の技術を提供しようとし、常に時代の変化に対応し、新しいスタイルを考えます。

勉強する人としなくなる人に差がつくのは当然で、勉強しなくなった人はお客様が減っていきます。

美容師にとって必要なスキルというのは時代によって変化していきます。今の時代であれば、写真や動画を撮る技術は必須です。得意なスタイルや自身の能力を見せるために必要なのです。

ヘアスタイリストがどれだけおしゃれなスタイルを考えていたとしても、そのお客様の好みには合わないかもしれません。自分の好みに合うかどうかをお客様が判断するための一つの基準が写真なのです。

一方、分かっていてもやらない美容師がおり、「もっとお客様を取れるのに」と思うこともあります。今はスマホでもきれいに写真が撮れますから、高いカメラを買う必要はありません。写真や動画を撮って、ホームページやSNSで発信する、ということを勉強することも自己プロデュースにつながります。

5 本物を知り、本物に出逢い、上質を知れ

最近の若い人は「物欲が少ない」という話をよく聞きます。旅行にもあまり行かなかったり、車を買わない人も多く、老後のために貯金に励んでいるとか。

しかし物欲は、自身の行動の指針であると考えています。これが欲しい、あそこに行きたい、あれを食べたい……。そういった願望がない人たちは自ら進んで動くことが少ないのではないでしょうか。

特に年輩のお客様に接客するときには、本物を知り、本物に出逢い、上質を知っていることが

強みになります。

本物という言葉は、世代によって大きく異なると思います。

若い方々にとっての本物は、本場のタピオカを飲むことが該当したりするでしょう。30代であれば、一流のホテルに泊まり、一流のサービス、一流の料理を食べるといったことになるかもしれません。

どちらも共通点は、自らが現場に行き、実際に経験する、見てくる、触れてくることです。そういった経験は年齢を問わずに、お客様に話せば楽しい気分になってくれるでしょう。それが、本物を知る、ということです。

美容師は美を創り出す仕事ですので、さまざまなことを経験し、感性を豊かにする必要があります。

一方で、仕事が忙しい、給料が安いという状況では、旅に出ることもままなりません。おしゃれな洋服を買うのも難しく、グルメを楽しむ時間も取れないでしょう。

業務委託サロンの強みは、収入が高く、時間を作りやすいため、本物を知る機会が増えるという点もあります。

コムズグループのヘアスタイリストは海外旅行に行く人が多いですし、ファッションにもこだわりを持っています。

6 上下関係なく、相手を尊重し、敬う心で挨拶せよ

美容師の仕事では、チームワークは非常に大切です。人を大切にする、大切にされるということは、技術以外に影響します。人間関係がスムーズにいかなければ続けるものも続けられません。挨拶はお客様にだけでなく、同僚・先輩・後輩・すべての人に対して、尊敬し敬う心で行いましょう。

特に後輩に偉そうに接してしまう方が多いです。自身が先輩から厳しくされていたからそれをそのまま後輩に行う人もいます。

しかし、今の時代はフラットです。そういった過去にとらわれていてはいけません。いいサロンに行けば行くほど、美容師同士が敬語を使っているところは多いです。

また、上司が部下を褒めることが上手いと部下もよく育つといわれ、相手を褒めることは大切なことです。

特に業務委託サロンの場合は、いろいろなサロンからやってきたヘアスタイリストが集まっているので、それぞれ習得している技術が異なります。

相手の良いところから学び、お互いに教え合うことが、お店全体のスキルアップにつながり、売上げも変わってきます。

ヘアスタイリスト同士がギスギスしていると、お客様にも雰囲気の悪さは伝わるものです。

転職を考えているときは、お客としてそのサロンに実際に行って、ヘアスタイリスト同士が敬語か、和気あいあいとした雰囲気かどうかをチェックしたほうがいいです。

また、人に対して丁寧に接する美容師は、道具もきちんとメンテナンスしています。ハサミからブラシまで、自身で使用する道具は常に清潔にし大切に扱いましょう。

コムズグループのサロンでは、道具は美容師が自分で買うスタイルで、ドライヤーやアイロンなども自分で用意してもらいます。

道具も進化しているので、自分でいいものを選び使用することがお客様の満足度にもつながっていきます。

7 明確な目標と、自分にしかできない武器を持て

目標には、夢に加えて期限がつきます。「愛される美容師になる」というのは抽象的であり、夢と言えます。明確な目標のためには、具体的な数値と期限を決めることが大切です。今年中に指名客を100人つける、などが目標です。そういったことで成功体験が積み重なっていきます。

美容師に目標を紙に書いてもらうサロンもありますが、義務にしてしまうとやらされている感じが強くなります。

ノルマがあるサロンでは、「シャンプーを何本売る」などが決められますが、ノルマと目標は違います。ノルマを達成しても、お客様の指名を得られないと、ただ苦しいだけです。

私がヘアスタイリストによく言うことは、売上金額ではなく、お客様に名前を聞かれたかどうか、何人に聞かれたかどうかを把握しろということです。

施術の最後に名前を聞かれた場合は気に入ってくれた可能性が高く、記憶に残った美容師になれた可能性が高いです。金額よりもお客様からのレスポンスを意識したほうが喜んで目標を掲げられるのではないかと思います。

自分にしかできない武器は、ほかの美容師とは違う強み、ということです。自分の強みは、経験を積んでいくうちに分かるようになるでしょう。それは技術だけではなく、お客様とのコミュニケーション能力なども含みます。

過去に私のサロンで、なかなか指名がもらえないヘアスタイリストがいました。彼からどうすればいいかとアドバイスを求められたのです。

彼は高いスキルを持ち、接客もうまいのですが、威圧感があり近寄りにくい雰囲気でした。

そこで、自身のこだわり、得意なこと、大切にしていることをホームページのプロフィールに書いてもらい、ヘアスタイルの写真もたくさんアップし、「怖い人ではない」という点をアピールしました。

すると、お客様からの指名が増え、ナンバーワンプレイヤーへと変わることができました。

このように、誰かに相談して、自分を客観的に見てもらうことは大事です。彼は相談をしたからこそ成功できたと言えるでしょう。もし、相談をすることなく自己を貫いてしまっていたのならこういった結果にはなっていなかったと思います。

武器を持つには、まずは自分を知ることから始めることが重要です。

目標設定の二つのコツ

6つのポイント	スマート(SMART)ルールに当てはめて考える
1 はっきりさせる 2 何を差し出すか (代償) 3 最終期限を決める 4 紙に書く (計画や行動) 5 宣言する (朝・夜2回) 6 絶対できる!　と信じる	S (Specific) 具体的である(数値化) M (Measurable) 測定可能である A (Attainable) 達成可能である R (Relevant) 価値観と一致している (やる理由) T(Time-sensitive) 期限がある

目標例

- ・お客様から1日5回「ありがとう」と言われる
- ・口コミ評価で満点を9割以上のお客様からもらう
- ・お客様へのメール返信率を8割以上にする
- ・来月の指名を10人増やす
- ・今年中に月売上250万円を達成する
- ・30歳までに独立し店を構える
- ・SNSを週2のペースで更新し、新規顧客を獲得する

8 今ある環境のなかで一番を狙え

３％しかいない成功する美容師の枠に入ろうとするのであれば、やはり今の環境のなかで一番にならなければいけないと思います。

世の中には上には上がいますから、自分の今のサロンという小さな世界で一番になるのはある意味当然です。

一番を取り、新しい環境でまた這い上がって一番を取りにいく、その姿勢が必要です。一番になって初めて、他人が評価をしてくれるようになるわけです。

また、一番になる人は、他人に何かしてもらおうと望むのではなく、自らが何かをしようと強く思っています。

予約で来店してくださるお客様に向けてウエルカムメッセージを用意し、「ご来店をお待ちしておりました」「今日来てくださるのを楽しみにしていました」といった気持ちをお客様に伝えて、リピート率にもつながっている美容師もいます。

私は昔、お客様があまり来ないサロンで働いていました。するとやることがないのですが、やはりお客様の対応がしたいわけです。そのためには自分で顧客を取りにいくしかありません。

そこで私たちは、カラー・パーマの割引デーを設け銭湯で告知しました。徐々に利用客が増えてきたので自分たちでチラシを用意し配布しました。それでさらにお客様が増えたのです。

このときは本当に楽しかったです。やりがいもあり、収入も増えました。

「お客様が来ない」と不満を言うだけでは何も変わりません。上司に何かを与えてもらうのを待つだけではなく、自分たちで動き、働きかけることで、つかみ取ることもできるわけです。

ダメなサロンであれば、自分たちでサロンを変えようとする意気込みがなければ、楽しくもないでしょう。

もちろん、そういったダメなサロンには見切りをつけて、自分がもっと成長できるサロンに早く移ることも大切です。

5 ヘアカタログを整理してカウンセリングを時短せよ

6 お客様のスケジュールを把握し、未来を共有せよ

7 お客様の悩みからプレミアムメニューを提案しろ

8 客単価を上げる松竹梅コースメニューを作れ

［ 技術編 ］

1 お客様への提案は「トレンドと季節感をとらえた」ものにせよ

2 「2時間」のなかに高単価、高価値の“価値ある”メニューを作れ

3 退店時点で、お客様の髪に目に見える変化を起こせ

4 自分の髪型、髪色は毎月変革せよ

1 お客様への提案は「トレンドと季節感をとらえた」ものにせよ

ヘアスタイルには必ずトレンドというものがあります。

同じボブでも去年のトレンドと今年のトレンドは微妙に異なっていたりするので、「流行遅れ」と思われないヘアスタイルを作るのは基本です。

季節感は、たとえばカラーですと、春夏は明るめにするといった提案などです。春から夏にかけては紫外線で髪が傷みやすいので、ケアについてもアドバイスします。

最近ではメーカーさんが、ヘアスタイルやケアの勉強会を行う際に、東京の有名ヘアスタイリストを講師として招き、新しいカラーも売り出すことも多いので、メーカーの情報は流行の発信としてチェックしたほうがいいでしょう。

2 「2時間」のなかに高単価、高価値の〝価値ある〟メニューを作れ

人事生産性という言葉があります。従業員1人が1時間働く際の生産性のことです。

この時代に来て、ようやく美容業界も人事生産性を上げようとする動きに変わってきました。

この業界では現在、人事生産性は全国平均で1時間２０００円前後といわれています。10時間働いていたとしても2万円。一カ月22日働いたとして44万円となります。この金額だと、美容師も経営者もたいした利益となりません。

しかし、人事生産性を1時間６０００円まで上げることができれば、美容師も経営者もともに利益が得られます。なかなかそこまでは難しいので、基本的には1時間４０００円を目指すところが多いかと思います。

人事生産性を上げるためには、メニューに高客単価、高付加価値である要素を入れる必要があ

ります。

私のサロンでは2時間の施術で、客単価は６０００円～1万８０００円を目指しています。2時間という時間のなかで、時間を短縮しどれだけのことが行えるかで変わってきます。

また、人事生産性を高めるためには、ヘアスタイリストの生産性を高める商材（カラーなど）もポイントになります。

今、美容室は全国で25万軒あるといわれていますが、使用する商材はあまり変わりません。そのため、同じ商材を使用しているのであれば、お客様は安くて速いところに行きたいものだと思います。

ところが、どこの美容室も同じ商材を使用していればお客様は飽きてしまいます。そのため、いかに、良い商材を見つけ出し、他店との差別化を図ることが重要になってきます。これはヘアスタイリストというよりは、経営者側が行うほうが多いかもしれません。

こういった商材は、特に髪質の改善に関しての内容が多いです。できるだけ髪を傷めない、傷めにくいものを使用する。そしてデトックス、つまりはカラーやパーマを行った際のアルカリ剤を残さないようなものを使用する。

そうやって数カ月経っても指通りの良いダメージが少ない髪を維持することのできる商材をうまく見つけ出します。

そして、限られた時間で有効的、かつ、時間を短縮して取り組むことができれば、生産性を高められますし、お客様にも当然喜んでいただけます。

また、美容師が開発した商材や、その場でしか販売されていない商材は付加価値があります。そういった商材を使用することで、他店との差別化を図っていく必要があります。

具体的に縮毛矯正のケースで見ていきましょう。縮毛矯正は最低でも3時間かかります。それにカットやカラーを行うとトータルで5時間かかります。しかし、料金は2万円ほどしか払われません。

かけた時間分はしっかりとお金がいただけるようなメニューにしていくには、時間が短縮できる商材を探す必要があります。こうして、5時間2万円を、3時間3万円に変えることができれば、生産性は高まります。

3
退店時点で、お客様の髪に目に見える変化を起こせ

例えば、髪のうねりに悩んでらっしゃったお客様が、ストレートパーマによってうねりのないきれいな毛先になっていれば目に見えて分かります。

そういった、一目見ただけで髪質が変わるほどの変化があれば、その方はまたそのサロンに行こうという気持ちになります。お客様がお友達を紹介してくださるきっかけにもなります。

最近は、髪を切ったあと、写真を撮る人も少なくありません。今はＳＮＳが主流ですからインスタグラムなどに写真をアップすると、ほかの方の目に入ります。それも宣伝につながるわけです。その写真を見た人が、サロンに来てくださるのです。

昔、「あのヘアスタイリストにカットしてもらうと幸せになれる」という噂があったりしました。「カットしてもらったら結婚できました！」などです。それが今のＳＮＳの形の先駆けなのだと

思います。

髪の変化だけでなく、人生も変化させる、美容師は人の幸せを創る仕事なのです。

4 自分の髪型、髪色は毎月変革せよ

美容師のヘアスタイルを見て、お客様はその美容師の印象を判断します。

ヘアケアが行き届いていない美容師であれば、その美容師に髪をセットしてもらうことが不安に思えるでしょう。そういった意味で、自身が見本となる必要があるのです。

自身のヘアのために他店に行くことは勉強する機会にもなるのでおすすめです。

あまり売上げが良くない美容師ほど、外にあまり行かずに同じサロンの美容師にケアしてもらう傾向にあります。

自分の店で終わらせてしまい、ほかの店などで学ぼうとしない。話題の店に行って実際にケアしてもらうことで新しく学ぶことがあるのにもったいない話です。

実は私自身もよく他店に行きます。身分を隠すことなく、自分が美容室を経営していると話をしたうえで行き、いろいろと詳しく話を聞きます。

良い店はたくさんあります。その良い店のいいところは取り入れてやってみるのです。

5 ヘアカタログを整理してカウンセリングを時短せよ

ヘアカタログの整理というのは、紙媒体にするということではなく、スマホ上でもいいので、より提案しやすい形に整理するということです。

最初のカウンセリングで、早く的確にお客様の求めるヘアスタイルを提示することがお客様からの信頼にもつながります。そして時間も短縮できます。

例えば、カラーのピンクであれば、どういったピンクなのか。そういった細かい分類分けをあらかじめできているかがポイントです。

そういった整理を行っていると、カラーでも何種類もの色をお客様に見てもらう必要がなく、ある程度絞って提示できるわけです。さらにはお客様の要望により近いものを見つけることができます。

お客様からしても、これだけ細かく分類分けをされていると、自分の好みや似合うものが分かり勉強になります。

多くの種類の色を使用する美容師にとっては、お客様のパーソナルカラーの見極めも重要になってきます。肌の色がイエロー系であるなら、この色味が合う、などです。

カラーは染めた直後よりも、退色してからの期間が長いです。そのため、退色後も計算に入れなくてはいけません。少なくとも、退色してから1カ月はきれいな色味を保つ必要があります。

また、個人の色味に加えて、そのお客様の生活感も影響してきます。

オフィス勤めの方であれば問題ない色合いはどの程度なのか。顔の輪郭。髪型のフォルム。そういった細かいことを考慮してカラーをする必要があります。

コムズグループのサロンではパーソナルカラーに関する本をヘアスタイリストに渡して、一週間後にテストを行い、カラーの知識を身に付けてもらい知識を高めております。

ブルーベース、イエローベースといった肌色の話が美容雑誌やサイトなどで話題となり、最近はお客様もカラーの知識を持っています。

美容師はお客様を上回る知識がないと信頼してもらえません。

6 お客様のスケジュールを把握し、未来を共有せよ

例えば2カ月に一度、カットとカラーに定期的にやってくる、といったお客様も多いですが、さらにふみこんだお客様のライフイベントを知って、先取りで提案ができれば喜ばれます。

お子さんがまもなく成人式で家族写真を撮る必要がある奥様がお客様だとしましょう。そのために白髪のリタッチをする、その後、お子さんの卒業式があるのでそのころにまたカットをしましょう、といった具合に、お客様のスケジュールやイベントを把握することで、お客様の髪を育てていきます。

そのイベント時にベストな状態に持っていけるように計画することは、お客様と未来を共有していることは、お客様と未来を共有し

ているわけです。

そのためには、カウンセリングでお客様本人とご家族の予定を知ることがポイントです。または、施術中の会話のなかから得ることで、タイミングよく提案できれば、生涯のお客様になってもらえる可能性があるのです。

例えば10年以上のお付き合いになるお客様になると、結婚式、子どもの入学式、卒業式、成人式など、お客様のライフイベントにかかわりながら、お客様の人生に長く寄り添うことになります。

節目節目に頼りにしていただけるのは、美容師にとってもとても喜びであります。

また、季節によってダメージを受けやすいお客様には、早めの対策の提案が必要です。

毎年、梅雨の時期は髪が広がり、まとまりにくいというお客様には、梅雨の前にストレートパーマをかけましょうという提案ができます。

その日だけ満足できるような程度のカウンセリングだと、リピートしてもらえるかは微妙です。

ぜひお客様の人生のスケジュールを把握し、未来を共有する美容師になってください。

7 お客様の悩みからプレミアムメニューを提案しろ

私は「悩みを解決してくれるサロン」にすることが、顧客満足につながるサロンになると考えています。

お客様に「今日はどうしますか?」といった問いだけでは、悩みは把握できません。「長さを整えて、カラーは暗めで」とオーダーされ、そのとおりに施術してもお客様が本当に満足してくださるかは疑問です。

髪に悩みがない人はほぼいません。お客様の悩みの原因を一緒に探り、改善できる方法を提案することが、リピートにつながります。

30代以上のお客様で多い悩みは、髪のボリュームが減ってきた、トップがぺたんこになってしまう、白髪が増えてきたなどです。

若い方は、カラーをする方が多いのでパサつきや、カラーをした際の刺激などの悩みがあります。

また、パーマをあてるとチリチリになってしまった、ストレートをあてるとまっすぐになりすぎたといった失敗経験があり、「もうパーマはあてたくない」という方もいるでしょう。

失敗談からなりたいヘアスタイルを引き出す、悩みに応じて工夫することが重要です。

そして、お客様の悩みを解決するプレミアムメニューを作ることができれば、リピーターとして通ってくださる可能性が高くなります。

髪が人間の第一印象を決める重要要素で、人生が変わる大切なものであることを語ることも大切です。

お客様は年齢を問わず、どなたでも若く見られたいと思うものです。特に髪によって年齢の印象が変わり、きれいでまとまっていると本当に若く見えます。

そのため「髪型でマイナス10歳を目指せます」とお伝えし、プレミアムメニューでそれが実現することを分かっていただきましょう。

8 客単価を上げる松竹梅コースメニューを作れ

松竹梅の選択肢があると、真ん中を選ぶ人が多いことが分かっています。

お店でトリートメントが８０００円、１万５０００円、３万円と３種類あるとします。お客様はだいたい、１万５０００円を選びます。

この値段の決め方ですが、下位の金額の2倍ほどになるように設定するのが望ましいです。そうした金額の差を設けなければ、真ん中を選んでいただけないのです。

つまりサロンで希望する客単価を先に設定し、そのあとに上位と下位を設定するのです。

メニューも、年輩の方が多ければ、ボリュームアップなど年輩の方の悩みをケアする内容を盛り込みます。若い客層がターゲットのサロンであれば、カラーのメニューを豊富に用意するのです。

実は、ターゲットに合わせたメニュー作りができているサロンは非常に少なく、単純にカット、カラー、パーマ、トリートメントなどの技術のみで構成されています。

そのため、そこで働いている美容師に働いているサロンの〝ウリ〟を尋ねても、ほとんどが答えられません。そんなサロンだと、自身の〝ウリ〟も作れず、売上げが上がらない美容師になってしまいます。

言うなれば、なんでも取り扱っているコンビニエンスストア、ファミレスのような感じです。特に秀でたものがあるわけではなく、できないこともない。そういった美容師です。

つまりは差別化がないため、お客様から選んでもらえる要素のない、なんでも屋さんのような美容師になってしまうわけです。

また、来店サイクルを早めるメニューも大切です。

いわゆるスパやトリートメントのような、回数を重ねれば重ねるほど髪が良くなるメニューがあります。そういったメニューを売ることは大事です。

基本的にカットやカラーは2カ月に一度程度の割合です。その期間の間にスパやトリートメントメニューを入れ込むのです。そうすれば、もっと頻繁に通っていただけるようになります。年間を通しての利用金額が増えていくのです。

1,000万円以上稼ぐ
ヘアスタイリストになるための
4STEP

Step 1

30 秒の自己紹介文を作れ

まず得意な技術や、これまでのお客様とのやり取りを振り返り、自身の強みを発見します。その後、見つけた強みを30 秒程で説明できるように自己紹介文(200 文字程度)にまとめましょう。

(例)

“ 高難度色ムラ修正のプロ”の○○です。これまで多くのデザインカラーを経験してきました。そのなかで、 他店では自分のイメージするカラーを断られたり、 自分で染めて失敗してしまったお客様が多いことに気づいたのです。そこでブログやSNSで「やりたい色を実現させます!」「色ムラができてしまっても、キレイになれます!」と発信してきました。今では、“ 高難度色ムラ修正のプロ”と呼ばれるようになりました。○○ 様の周りにもカラーで悩んでいる方がいたら、ぜひ私のことを伝えてください。

Step2 自分の強みを打ち出した名刺・自己紹介カードを作れ

Step1で見つけた自身の強みをもとに、名刺と自己紹介カードを作ります。
お客様が一目でわかるようなるべく具体的に書きましょう。

（例）

オモテ

店名

住所：○○○○○○○○○

TEL：052-○○○-○○○○（予約優先）
OPEN：10:00～22:00（受付は20:00まで）

ウラ

肩書き○○○○○○○

名前　○○

Instagram
アカウント名

他店のできないを叶える美容師★高難度カラーの達人

あなたにこんな経験はありませんか？

1. こうしたいという理想があったのに、思うようにならなくて満足できない
2. 満足いかないうえに、髪に余計な負担をかけてしまってお金も時間も無駄にしてしまった
3. 色ムラになり、持ちも悪い、こりゃダメだ！ほかの美容室を探そう！

他店での失敗を修復するプロとして
活動中の私にできること……

■誰もが認める、
今までで一番キレイな仕上がり

■髪質を見極めての今後の提案

あなたにお会いできるのを楽しみにしております。

Step3

3年後までのビジョンをたてろ

▼アクションプランシート

売れサロ®

<table>
<tr><th>3年先の
ビジョン</th><th>1年先の
ビジョン</th><th>半年先
の状態</th><th>3カ月先
の状態</th><th colspan="2">今やる具体的行動</th></tr>
<tr><td rowspan="6">1,000万円
プレーヤー
になる!</td><td rowspan="6">12月期に月
間150万円
達成する</td><td rowspan="6">指名売上げ
80万円達成</td><td rowspan="5">指名率を
UPする
55%→80%</td><td>1</td><td>前の美容室を変えた理由を聞き、お客様が求めているイメージを聞き出す</td></tr>
<tr><td>2</td><td>カウンセリングでは、情報を引き出せるような2択でお伺いする</td></tr>
<tr><td>3</td><td>季節・髪質に合わせたトリートメントのご提案をする</td></tr>
<tr><td>4</td><td>施術仕上げの際に、次の来店時期の目安をお伝えする</td></tr>
<tr><td>5</td><td>会計の際に、カレンダーをお見せしながら、再度来店時期をお伝えする</td></tr>
<tr><td></td><td></td><td></td></tr>
</table>

Step4

1カ月毎に行動目標を管理せよ

▼月間行動目標シート

20〇〇年〇月度

①狙う目標や状態（目的など）

➡数値目標や、理想の状態（例：次回予約率70%！、押し売りでなく自然な関係性構築）

②具体的な行動内容

➡「狙う目標」に向けて、実践していく具体的な行動内容（例:賞美期限、不具合、季節感、似合う理由を含んだ次回提案）

③毎日、□マスに実施した人数/入客数の実績をチェック（例：3/5）

売れサロ®

スケジュールなどメモ➡	春休み						卒業式			旅行				引っ越し
記入例②	1	2	3	4	5	6	7	8	9	10	11	12	13	14
	月	火	水	木	金	土	日	月	火	水	木	金	土	日
前の美容室を変えた理由を聞き、お客様が求めているイメージを聞き出す	記入例① 指名率をUPする 55%→80%													
	3/6	2/5	5/5	4/5	—	3/4	5/5	2/5	5/5	4/5	—	3/4	5/5	4/5
カウンセリングでは、情報を引き出せるような2択でお伺いする	記入例③ 指名率をUPする 55%→80%													
季節・髪質に合わせたトリートメントのご提案をする	指名率をUPする 55%→80%													
施術仕上げの際に、次の来店時期の目安をお伝えする	指名率をUPする 55%→80%													
会計の際に、カレンダーをお見せしながら、再度来店時期をお伝えする	指名率をUPする 55%→80%													

5 カッコいい、憧れの人になるためのファッションにこだわれ

6 五感に訴えるサロンづくりを行え

7 お客様ではなく、○○様、○○さん、○○ちゃんと名前で呼べ

8 初回は自分の話はするな、徹底的に聞き役に回れ

［ 接客編 ］

1 自己紹介文は強みで一貫性を持たせろ

2 第一印象からお客様の好みの仮説を立てろ

3 口コミで「3」は落第点ととらえろ

4 「不快」と「がっかり」からクレームがくることを知れ

1 自己紹介文は強みで一貫性を持たせろ

お客様に短い自己紹介文で興味を持っていただくためには、イメージでまとめるのではなく、自分の強みを具体的にアピールする必要があります。

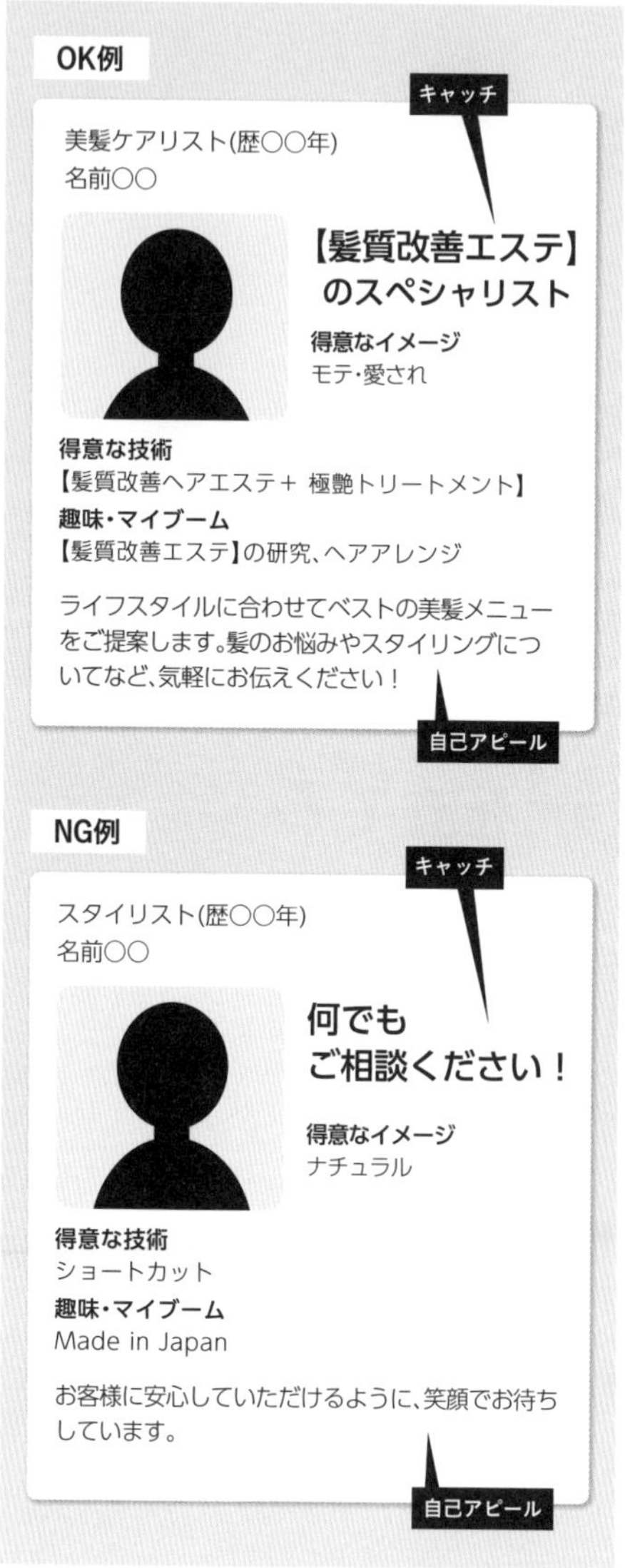

2 第一印象からお客様の好みの仮説を立てろ

私はヘアスタイリストたちに「お客様の女性像を引き出せ」と常に言っています。

一目見たときから、そのお客様がどういった方であるのかの仮説を立てるのです。そこからその方の見せたい印象がどういったものであるかなど、話をして聞き出します。

お客様がどういった方であるのかあらかじめ仮説を立てる訓練をして、その重要性を説くサロンもありますが、教えないサロンもあります。

しかし、この仮説を立てることができるかできないかで、お客様の心をつかめる美容師になれるかが変わってきます。

女性像の仮説を立てるためには、そのお客様のファッションも大きな要素になってきます。「この服装を好んでいるのであれば、このヘアスタイルも好きだろう」といった具合にです。

その方の職場環境なども重要です。派手な髪色やヘアスタイルが禁止されている職場もあるので、そこは確認しないといけません。

持ち物も判断要素の一つです。靴、バッグ、ネイルなどを見て、見極めます。売上げが上げられる美容師は、必ずその見極めがしっかりできています。

この見極めができていないと、クールなヘアスタイルが好みなのに、フェミニンなヘアスタイルを提案してしまったりして、最初の段階でお客様の信頼を失います。

自信がある美容師だと、お客様が「イメージチェンジしたい」と言ったときに、ロングヘアからショートヘアに変えるようすすめて、大成功することもあります。

また、お客様がなりたいヘアスタイルの写真などを持ってきた場合、髪質や顔型などによっては難しかったり、髪の長さが足りないということもあります。

そういうときにも、お客様の好みが分かっていれば、適切な代替案を提示でき、受け入れてもらいやすくなるでしょう。

３　口コミで「３」は落第点ととらえろ

大手ポータルサイトなどのサイトからの予約では、お客様は施術に対して、口コミ評価をつけることができます。

１～５段階までありますが、よほど不愉快なことがない限り、お客様は気を使って、たいてい３か４の評価はつけてくださいます。

しかし３か４は「普通」という意味で、再度来店していただけるかという目線で考えると５の評価が必要です。なかには５でもいらしてくださらないお客様もいます。

そうしたなかで３や４では、再度来店する可能性はあまり見込めません。３は落第点、５は当たり前なのです。

お客様がサロン選びで口コミを参考にする際も、３のサロンには行かないでしょう。

３や４がついたときは、何が悪かったのか考える必要があります。

また、来店いただいたお客様のフォローとして、ダイレクトメール（ＤＭ）を活用している人は多いでしょう。

口コミの評価が「普通」でも、ＤＭの内容によっては、またリピーターになってもらえるチャンスは残っています。

大手ポータルサイトの場合、お客様にＤＭを送ることができますが、以下の３パターンで送るのが基本です。

・ご来店いただいたあと　サンキューＤＭ
・２週間から1カ月ほど経った日　サポートＤＭ
・２カ月後に来店をうながす　そろそろＤＭ

なかには手書きのハガキを送ったり、お客様の誕生日に合わせて、割引や特典の案内を送る美容師もいます。

ＤＭには、前回の施術の振り返り、最新のヘアスタイルの提案やおすすめ商品などの情報も入れて、お客様へ最新情報を届けたり、お得感を出すことも必要です。

4 「不快」と「がっかり」からクレームがくることを知れ

美容師はお客様と鏡越しで接します。鏡を通すと、いろいろな角度からさまざまなモノが見えます。

例えば、

・隣のお客様にはお茶が2回提供されていた

・化粧室へのご案内を隣の方にはかけていたけれど私にはなかった

・トリートメントは不要であると伝えていたにもかかわらず、トリートメントをされた

など、ヘアスタイルに不満はなくても、自分へのサービスが至らない点をお客様は気にしてしまいます。

ほかのお客様と自身への扱いが違うと思ってしまうのは、お客様にとっては本当に不快なこと

なのです。

特に、アシスタントを使うヘアスタイリストは、お客様の情報共有がなされていないことも多いので注意が必要です。

カットの前の準備など、アシスタントがカルテに基づいて行い、ヘアスタイリストは、技術の面しか担当しない傾向にあります。

そこでよくあることとして、髪の分け目の問題があります。

分け目はある程度決まっていて、最初の来店時のお客様を見れば分かるものです。

しかし、アシスタントがシャンプーをしたあと、分け目が分からなくなり、ヘアスタイリストが分け目をどちらにするかをお客様に確認することが多々あります。

これは、しっかりとお客様を見ていないことになり、お客様からすると不快になってしまうのです。

接客によってお客様のサロンへの期待値を下回ると、がっかりな気分になり、クレームがなかったとしても、リピートしてもらえることはないでしょう。いわゆる、自然失客です。

5 カッコいい、憧れの人になるためのファッションにこだわれ

いくら美容師としてのスキルが高かったとしても、ファッションがおしゃれでなかったらお客様からは信用してもらえないでしょう。

自分が働くサロンのコンセプトに合ったファッションをしたり、そのサロンに来るお客様に合わせたり、ファッションは大事なポイントとなります。

20代だと流行に乗ったスタイルが多いでしょうが、30代を超えると、ターゲット層が変わってきますので、年輩のお客様からも好まれる清潔感を第一優先した服装にしましょう。

美容師は鏡越しで髪を切るので、黒い服装だとお客様の髪のラインが見えにくかったりします。

そのため「黒い服装を着ない」というこだわりを持っている美容師もいます。

地方のサロンだと、近所に住む方々がラフな服装で来店されることが多いでしょうが、都会で

はおしゃれな格好でサロンに来るお客様ばかりです。同じ東京でも、銀座と原宿ではファッションやスタイルの傾向が大きく異なります。そういった客層に合わせたファッション、スタイルを心得ていないとお客様は増えていかないでしょう。

6 五感に訴えるサロンづくりを行え

接客のなかで、サロン側が行うことと、美容師が行うことでは少し異なってくるのですが、共通して、五感に沿った店づくりをする必要があります。

サロンはただ椅子を並べればいいわけではありません。

店内のＢＧＭ、インテリア、香り、提供するお茶、施術で、人間の五感（聴覚、視覚、味覚、触覚、嗅覚）に響く環境を作り上げ、サロンにいるだけで居心地良く感じてもらえることが、リピート率を左右します。

例えばナチュラルだったりオーガニックな雰囲気作りをしているサロンでは、ゆったりとした

ＢＧＭやハーブティーといったアイテムが必要でしょうし、高単価なサロンでは、飲み物を紙コップで出すのではなく、器にもこだわるといった心遣いが大事です。

美容師自身の見た目や言動もお店のコンセプトにそぐわないと、お客様も違和感があり、満足感は下がるので注意しましょう。

7　お客様ではなく、○○様、○○さん、○○ちゃんと名前で呼べ

お客様との距離感を縮める、親しみを抱いてもらうために、お客様を名前で呼ぶことも一つのテクニックです。

サロンの客層にもよりますが、若いお客様であれば、○○ちゃんと下の名前で呼ぶほうが、お客様も心を開いてくれたりします。

また、売れている美容師はお客様を褒めることが上手です。褒めるツボ、ポイントを理解して

います。わざとらしくなく、自然に褒めます。

売れない美容師は褒めることをあまりせず、褒めることの重要性を知りません。髪型が変わって「きれいになった！」とお客様は思うはずです。自信を持っていただくまでが美容師のスキルなので、褒めちぎって、気持ち良く帰っていただきましょう。

このときも名前を呼んで褒めると、より思いが伝わり、喜んでもらえます。

8 初回は自分の話はするな、徹底的に聞き役に回れ

初回は「とにかくお客様のことを知ろう」という姿勢で、こちらの話をするよりも、聞き役に回りましょう。

相槌をきちんと打つことも、「ちゃんと聞いていますよ」ということが相手に伝わるのでおすすめです。

特に初めてのお客様は、時間がどれくらいかかるか分からずに不安な方も多いので、「本日のメニューの施術時間は〇〇時間かかります」とあらかじめ終了時間をお伝えし、了解していただくことも忘れてはいけません。

なかにはあまり話すことを好まないお客様もいらっしゃると思います。カルテには「今日は静かに過ごしたい」「あまり話は得意でない」といった項目を用意しておき、あらかじめ、そういったお客様を把握できるようにしておきます。

マッサージ中にゆっくり眠りたいのに、話しかけられると不快に思います。そういったことが口コミの評価に1や2がつけられる原因にもなります。

特徴はこれだ！

- ユーモアがあり、また会いたいと思える楽しい人

- 清潔感のある服装と、親しみやすい笑顔で元気で明るい接客

- 相手を理解し、空気を読み、気持ち良くなってもらう気配り

人気ヘアスタイリストの

- 共感力があり、お客様を好きになることができる
- 記憶に残る接客ができる
- 誰よりも自分の仕事を好きでいる

エピローグ

かっこいい美容師とはなんでしょうか？

それはお客様から指名され、「あなたにカットしてほしい」とまた来てもらえる美容師です。

かっこいい美容師になるためには、ただ技術を磨くことだけでなく、「身だしなみ」「挨拶」「人間力」を磨くことが大切です。

そして、かっこいい美容師としての人生を送るには、「売れる美容師」としての習慣をコツコツと積み重ねていくことが大事です。

売れる美容師には、お客様に喜んでもらいたい、楽しんでもらいたい、自分がかかわったことできれいになっていただきたいと、いつもお客様への幸せを願って仕事をする習慣があります。

その習慣が身に付いていれば、一生お金に困らない、幸せな美容師人生を手に入れることができるでしょう。

美容師は、トレンドやサービス、求められるものが目まぐるしく変化する世の中で、時代の変化を感じ取り、一つの成功にとらわれず、新しいことにチャレンジすることも求められます。

私自身、時には成功を捨てる勇気も持たないといけないと、常に自分に言い聞かせています。美容師の皆さんが、学びを続けて１日でも早く「売れる美容師」として活躍されることを願っています。そして、「大好きな美容師の道を選んで本当に良かった」と思ってもらえる美容業界になることを心から望み、今も努力を惜しみません。

もしこの本を読みコムズグループに興味をもってくださった方は、コムズグループの採用ホームページからお問い合わせください。一緒に幸せな美容師生活を送りましょう！

最後になりましたが、出版にあたって、本書に登場してくれたヘアスタイリストをはじめ、これまで支えてくれたメーカー様、ディーラー様、ＦＣオーナー様そして関係各位すべての皆様に心から感謝します。

２０２０年6月　有限会社かっとはうすごろう　代表取締役　田中 房五郎

stress-fix
composition

《著者プロフィール》

田中 房五郎（たなか ふさごろう）
有限会社かっとはうすごろう代表取締役
コムズグループ代表
一般社団法人食と環境と健康を考える会 参与
一般社団法人日本ヘッドスパ協会、JHSA 理事、
一般社団法人エシカルビューティー協会（EReA 理事）

1950年、岐阜県生まれ。

1972年に美容師を目指して上京し、有名講師に師事してスキルを磨きながら、数々のコンテストで優勝。その後、25歳で有限会社かっとはうすごろうを設立。1977年には、イギリス・ロンドンのヴィダルサスーンにて修業したのち、全国でカット講師として活躍。1992年には、さらなる事業拡大を目指し拠点を名古屋に移した。コンサルタントとして活躍しながらサロン経営のノウハウを学び、2005年にはFC（フランチャイズ）制度をスタート。名古屋で展開した各サロンをFCとして譲渡し「コムズグループ」を創立する。長時間労働と低い賃金により辞めてしまう美容師があとを絶たない業界の現状を変えたいという思いから、働くスタッフの満足度日本一の美容室づくりを目指してきた。現在直営店8店舗のヘアスタイリストは、週休2日、残業ゼロで平均年収は780万円。さらにヘアスタイリストのうち20%は、年収1,000万円以上を実現している。

本書についての
ご意見・ご感想はコチラ

THE CAREER BOOK OF HAIRSTYLIST
ヘアスタイリストのキャリアブック

2020年6月10日　第1刷発行

著　者　　田中房五郎
発行人　　久保田貴幸

発行元　　株式会社 幻冬舎メディアコンサルティング
〒151-0051　東京都渋谷区千駄ヶ谷4-9-7
電話　03-5411-6440（編集）

発売元　　株式会社 幻冬舎
〒151-0051　東京都渋谷区千駄ヶ谷4-9-7
電話　03-5411-6222（営業）

印刷・製本　近代美術株式会社
装　丁　　小原 範均

検印廃止

Printed in Japan
ISBN 978-4-344-92924-1 C0036
幻冬舎メディアコンサルティングHP
http://www.gentosha-mc.com/